HINTER DEN KULISSEN DES DRITTEN REICHES

Hinter den Kulissen..........

© 1987 bei Otto Rudolf Braun
© 1987 bei Raymond Martin Verlag, Markt Erlbach
deutsche Erstausgabe
Satz: Zero, Rheinberg
Druck: Rumpel, Nürnberg
Bindung: Martin, Hersbruck
ISBN 3-88631-196-1

OTTO RUDOLF BRAUN

HINTER DEN KULISSEN DES DRITTEN REICHES

GEHEIME GESELLSCHAFTEN MACHEN WELTPOLITIK

RAYMOND MARTIN VERLAG

INHALT

Vorwort 7

Einführung von Robert Anton Wilson 9

Germanen-Orden und Thule-Gesellschaft 29

Politische Querverbindungen 41

Der Münchner Geiselmord 45

Die Gründung der NSDAP 55

Sebottendorff verläßt Deutschland 65

Thule-Magie der Geschichte 69

Brüder, reicht die Hand zum Bunde 73

Hitler, der Magier und Okkultist 83

Hitlers geheimnisvolle Geldquellen 87

Warum Heß nach England flog 101

Das Ende 107

Warum? 111

Auswahl aus der verwendeten Literatur 115

Emblem der Thule-Gesellschaft
aus dem Jahre 1919

VORWORT

Die ersten Hinweise über den Einfluß verschiedener Geheimgesellschaften auf die Politik erhielt ich von meinem väterlichen Freund, Oberleutnant a. D. Anton Sauer, der oftmals spaßeshalber als Beruf „Geheimbündler" angab. Tatsächlich war Oberleutnant Sauer zeit seines Lebens politisch tätig gewesen, gehörte selbst nicht nur dem Freikorps Roßbach und der Organisation Consul an, sondern auch der Thule-Gesellschaft. Darüber hinaus kannte er zahlreiche Funktionäre anderer geheimer Gesellschaften und hatte einen selten guten Einblick hinter die Kulissen der Politik. Er hatte auch selbst einen Roman geschrieben, in dem er gewisse Tätigkeiten der Freimaurer und anderer Bünde aufzeigte. Dieses Buch, das den Titel „Baphomet" trug, sollte ich, der ich damals einen Kleinverlag besaß, herausbringen. Doch leider war das Manuskript nach dem überraschenden Tod Sauers spurlos verschwunden.

Seither jedoch ließ mich der Gedanke nicht mehr los, gewisse Dinge, die ich erfahren hatte, historisch belegt zu veröffentlichen. Dabei konnte ich nicht ahnen, mit welchen Schwierigkeiten solch ein Vorhaben verbunden war. Leute, die ich kannte, wollten keine Auskünfte geben oder baten, ihre Namen nicht bekannt zu geben. Bücher waren aus öffentlichen Bibliotheken plötzlich nicht erhältlich . . .

Ein Bekannter von mir, Wilhelm Landig, starb, kurz nachdem er ein in Romanform gekleidetes Buch „Götzen gegen Thule" herausgebracht hatte.

Das Buch von René Sonderegger, „Spanischer Sommer", das dieser unter dem Pseudonym Reinhard herausgegeben hatte, war vergriffen. In allen österreichischen Bibliotheken gab es ein einziges Exemplar, das sich in der Universitätsbibliothek Graz befindet. Doch leider war dieses Buch jedesmal, wenn ich es wollte, gerade ausgeliehen; ich konnte es bis zuletzt nicht bekommen. Glücklicherweise erhielt ich es privat geliehen.

Die Bayerische Staatsbibliothek in München wies mich auf eine Dissertation von Hermann Gilbhart, Ideologie und Wirklichkeit der Thule-Gesellschaft, München 1977, hin. Obwohl der Brief der Bayerischen Staatsbibliothek vom 10.4.1980 stammte, war an der Universität München nichts von einer derartigen Dissertation bekannt. Ich konnte mir jedoch die Anschrift von Hermann Gilbhart beschaffen und schrieb ihm wegen seiner angeblichen Dissertation, die zwar in der Staatsbibliothek vermerkt ist, an der Universität jedoch nicht bekannt ist. Mein Brief blieb ohne Antwort.

Trotz aller Freundlichkeiten und Unterstützungen von Bibliotheken und Privatpersonen konnte ich mich des Eindrucks nicht erwehren, als wäre niemand an einem Erscheinen meines Buches interessiert.

Ich mußte staunen, wie wenige der notwendigen Bücher in öffentlichen Bibliotheken vorhanden waren, eine Seltsamkeit, die auch schon Herr Landig einst in einem Gespräch mit mir betonte.

Es blieben daher gewisse Lücken in meinem Bericht bestehen, die einfach nicht zu schließen waren. Der Rest ist ohnedies brisant genug. Manches mußte aus den gegebenen Tatsachen geschlossen werden; vieles, das nicht belegt wurde, stammt aus Informationen noch lebender Personen, die nicht genannt werden wollen. Bei den Geheimgesellschaften ist Schweigen höchste Tugend. Und wie man dem Inhalt des Buches entnehmen kann, müssen jene, die als Lebende nicht schweigen können, eben als Tote schweigen.

Ich hoffe, mit dieser Arbeit aufzeigen zu können, wie wenig die Völker in der Politik zu reden haben, wenn sie es auch glauben. In Wahrheit sind vielfach geheime Drahtzieher am Werk, die die eigentliche Politik gestalten. Man muß diese Leute und ihre Methoden entlarven, damit sich die Völker aus dieser geheimen Herrschaft befreien können. Dazu einen Beitrag zu leisten, war der Sinn meiner Arbeit.

Krems-Stein, im Sommer 1980   Otto Rudolf Braun

EINFÜHRUNG: DIE SPAGHETTI-THEORIE DER VERSCHWÖRUNG

Verschwörung ist die erste Offenbarung intelligenten Lebens. Die ersten organischen Moleküle bildeten Affinitätsgruppen und verschworen sich, die natürlichen Quellen unseres Planeten auszubeuten. Während sie ursprünglich in kleinen Zellen arbeiteten, entwickelten sich diese DNA-Eroberer rasch zu Organisationen von höherer Kompliziertheit und breiteten ein Netz von hungrigem, räuberischem Leben über die vorher tote Erde aus. In weniger als 3.500.000.000 Jahren dehnte sich dieses Netz vom Grund der Ozeane bis zu den höchsten Gipfeln des Himalayas aus. Kein Quadratzentimeter Erde blieb verschont.

Die Spinnen, die ihre eigenen Fallen (Fangnetze) ausgelegt hatten, bildeten ihre eigene Geheimgesellschaft und gingen in den Untergrund. Sie lauerten schweigend, verborgen unter einer harmlos aussehenden Oberfläche von Zweigen und Erde und warteten, bis sie herausstürzen konnten, um einen Käfer oder einen anderen schmackhaften Bissen, der zufällig vorüberkam, zu verschlingen.

Der Tag des Geheimagenten war gekommen.

Diese Technik des Untertauchens und Hervorschnellens bewies bereits einen Fortschritt in der Entwicklung und wurde überall nachgeahmt. Tausende von Arten verschwörerischer Insekten verstecken sich sogar heute noch hinter raffinierten Tarnungen, die uns glauben lassen, es handle sich um Äste oder Steine.

Andere Arten wurden noch geschickter. Eisbären gaben sich weiße Pelze, um sich der Schneelandschaft anzupassen. Die Sprenkelung des Leopards macht es schwer, diesen vom ebenso gesprenkelten Licht der Sonne auf dem Blattwerk zu unterscheiden. Die Norwegische Ratte (mus rattus Norwegicus) lernte, sich tagsüber zu verstecken und im Schutz der Dunkelheit aufzutauchen.

Die ersten menschlichen Wesen sahen um sich und kamen mit feinem Gefühl zu dem Schluß: „Es ist ein Dschungel rund um uns."

Die menschliche Psychologie ist eine Psychologie des Dschungels geblieben. Wie der amerikanische Historiker Carl Oglesby in seinem Buch „Der Yankee- und Cowboy-Krieg" schreibt:

„,. . . eine Vielfahl von Verschwörungen bestehen in der Nacht . . . Verschwörung ist die normale Fortsetzung einer normalen Politik mit normalen Mitteln . . . und wo es keine Grenze der Macht gibt, dort gibt es keine Grenze des Verschwörens."

Sobald wir auf diesem Planeten die ersten menschlichen Wesen nachweisen können, können wir auch die ersten Geheimgesellschaften nachweisen. Sie kamen kennzeichnenderweise in den tiefsten Höhlen zusammen, wo sie Zauberei trieben und Unheil über alle ihnen im Wege stehenden Wesen auf der Erde beschworen.

In jedem Stamm, der der Anthropologie bekannt ist, finden wir heute noch Geheimgesellschaften. Die meisten Stämme haben Geheimgesellschaften, die alle Männer umfassen, aber viele haben auch Geheimbünde, die alle Frauen umfassen. Viele Leser dieser Zeilen werden sich vielleicht noch daran erinnern, daß sie als Kinder ihre eigenen Geheimbünde hatten mit Losungswort und Geheimzeichen, in denen sie sich streng von den Erwachsenen abgrenzten.

Von diesem Gesichtspunkt der Entwicklung aus gesehen, hat jeder Verrückte teilweise recht. Der Hauptirrtum des Verrückten besteht in seinem Glauben an eine Riesenverschwörung, die alles erklärt. Das aber ist unmöglich, weil es Grundgesetze der Primaten-Psychologie verletzt. Seßhaft gewordene Primaten (Menschen) sind ebenso wie die wilden schädlich hinterlistig und haben einen starken Sinn für Humor: der Betrug ist ihre charakteristischste Erfindung.

George Washington, der an die Macht kam, indem er sich gegen seinen König verschwor, sagte es mit erschreckender Offenheit: „Nationen haben keine ständigen Verbündeten, sie haben nur ständige Interessen." Das ist der Grund, warum Regierungen, Korporationen und andere schwerwiegende Verschwörungen eine natürliche Lebenszeit haben wie alle anderen Lebenssysteme. Es gibt keine Regierung auf unserem Planeten, die in ihrer gegenwärtigen Form mehr als 200 Jahre besteht; sieht man von der Holländischen Ostindien-Companie ab, so entstehen und verschwinden die meisten Gesellschaften durchschnittlich innerhalb eines Zeitraums von 100 Jahren. Außerhalb verrückter Phantasie und romantischer Schwärmerei zerfallen die meisten Verschwörungen an ihren eigenen „internen Widersprüchen" innerhalb von Monaten oder Jahren.

Das Studium der Verschwörung als ein Zweig der Tiefenpsychologie wäre an sich sehr interessant, wie Macchiavelli wußte; aber reale Verschwörungen sind nicht so interessant wie jene, die Verrückte und Ideologen bilden; sie sind einfach viel schmutziger.

Es ist eine Ironie unserer Zeit, daß Verschwörungen und Geheimbünde mehr Einfluß haben als zu irgendeiner anderen Zeit; zu einer Zeit also, als es grobschlächtig galt, über sie zu reden. In diesem Sinne zerschlugen die Nazis im II. Weltkrieg die liberalen Demokratien, weil sie eine vollendete Kontrolle über jede liberale Gesinnung ausübten. Die Liberalen fürchten sich, an Verschwörungen zu denken, weil sie das zu der einen Riesen-Verschwörung führen könnte, d. h. „zu denken wie Hitler". Aber ein Geist, der in Ketten liegt, ist ein unfreier Geist. Ich glaube, es ist Zeit, wir brechen Hitlers Macht über unseren Geist und beginnen in Tatsachen zu denken anstatt uns durch Tabus zurückhalten zu lassen.

Offen gesagt hätte ich jedoch niemals gewagt, das liberale Tabu — „Du sollst nicht an Verschwörungen denken" — wenn ich nicht selbst gezwungen gewesen wäre, an sie zu denken.

In den Sechziger Jahren war ich in Chikago in der Anti-Kriegs-Bewegung engagiert. Ein Untersuchungsausschuß des Kongresses enthüllte später, daß allein in Chikago über 5.000 Regierungsagenten eingesetzt wurden, die Friedensgruppen zu unterwandern — einige arbeiteten für das Federal Bureau of Investigation (FBI), einige für die Central Intelligence Agency (CIA) und einige für den militärischen Geheimdienst. Ab 1968 verfolgte das FBI dann ein Programm, das man COINTELPRO nannte. Die Absicht von COINTELPRO war es, die Anti-Kriegs-Bewegung wissen zu lassen, daß sie unterwandert war; dadurch wurde Mißtrauen gesät, es gab Verdächtigungen zwischen den Personen und Gruppen, die im anderen Falle harmonisch zusammengearbeitet hätten. Wer damals in der Friedensbewegung tätig war, lebte wie in einem Roman von Eric Ambler. In einer einzigen Woche wurde ich vielleicht dreimal gewarnt, daß eine bestimmte Person, der ich vertraute, eigentlich ein Agent der Regierung sei, und gar mancher, der an einem Tag selbst beschuldigt worden war, konnte schon am anderen Tag einen anderen beschuldigen. Beinahe 20 Jahre später weiß ich noch immer nicht, wer ein Regierungsagent war und wer nicht. Ich hatte an der ganze Sache eher meinen Spaß als daß ich erschreckt war, weil ich grundsätzlich übereinstimme mit Helen Keller, daß „das Leben entweder ein großes Abenteuer ist oder gar nichts".

Ich traf auf die gleiche Spionen-Geschichten-Atmosphäre, als ich mich in den frühen Siebzigern an einer Aktion zwecks Enthaftung des umstrittenen Wissenschaftlers Dr. Timothy Leary beteiligte. Zu irgendeiner Zeit verdächtigte jeder in diesem Komitee einen anderen, ein Regierungs-Agent zu sein. (Ich glaube, der Poet Allen Ginsberg verdächtigte mich länger als ein Jahr.) Und vermutlich eingeschleuste Nachrichten in der Presse versuchten uns zu überzeugen, Leary sei selbst Regierungs-Agent geworden. Ich finde heute noch diesen klassischen John-Le-Carré-Streich für sehr gelungen, besonders, da ihn einige Leute auch glaubten.

(Am Ende wurde bestätigt, daß Learys Schwiegersohn, Dennis Martino, verleitet worden war, für die Regierung zu arbeiten. Dennis starb später in Spanien, und drei Presseberichte innerhalb zwei Tagen gaben an, es sei Mord gewesen, es sei Selbstmord gewesen und es sei ein Unfall gewesen. Das Geheimnis seines Todes ist noch ungelöst.)

Meine tatsächliche Einführung in eine „Separate Realität" (wie der Soziologe Harold Garfinkle es nennen würde) verdanke ich einer außergewöhnlichen Persönlichkeit namens Kerry Thornley, den ich erstmals in der Anti-Kriegs-Bewegung traf. Kerry diente in den Fünfziger Jahren in der US-Marine, und Lee Harvey Oswald diente in derselben Einheit wie er. Er und Oswald wurden sogar so etwas wie

Freunde, wenn es auch nie eine sehr enge Freundschaft wurde. Nach dem Kennedy-Mord im Jahre 1963 war Kerry erschüttert, als Oswald eingesperrt und gleich danach, noch vor der Gerichtsverhandlung, ermordet wurde; er war noch mehr verblüfft, als er entdeckte, daß er und Oswald kurz vor dem Kennedy-Mord einige Monate hindurch in nächster Nachbarschaft in New Orleans gewohnt hatten, ohne einander zu treffen.

Fünf Jahre später, 1968, wurde bekannt, daß der Geheimdienst der Marine, wie die CIA, an der geheimen Gehirnwäsche-Forschung — die jetzt als MK-ULTRA-Projekt bekannt ist — in den Fünfziger Jahren beteiligt war und daß die Marine Freiwillige aufgenommen hat, die diese Experimente, die Psychedelischen Drogen, Hypnose und psychischen Druck umfaßten, mitmachen wollten. Einige dieser Freiwilligen, welche noch Jahre nachher Alpträume und Angstzustände hatten, verklagten die Regierung. Kerry, der davon las, wurde überzeugt, daß er und Oswald zu diesen Freiwilligen gehört hatten, daß aber sein Gedächtnis daran durch die Marine-Psychologen ausgelöscht wurde. Kerrys Beweis dafür bestand aus den ständigen Alpträumen, die er seit dem Verlassen der Marine hatte, und aus einer Reihe von etwa einem Dutzend „seltsamer Übereinstimmungen", wie eben die, daß Oswald und er in der gleichen Wohngegend lebten. Gregory, ein Freund sowohl von Kerry als auch von mir, ist der Meinung, daß Kerrys Geschichte viel für sich hat; er war Zeuge bei einigen dieser „zufälligen Zusammentreffen".

Kerry erklärte sich bereit, vor dem Ausschuß, der die Morde untersuchte, auszusagen. Seine Aussagen sind nicht überzeugend, aber vielsagend. Kurz danach passierten andere „Zufälle", und Kerry war überzeugt, daß man versuchte, ihn umzubringen. Seine Gedanken und sein Verhalten wurde immer unberechenbarer. Bald schon verdächtigte er alle seine Freunde, einschließlich mir, CIA-Agenten zu sein. Jedermann, der ihn kannte, war danach überzeugt, daß er verrückt geworden war. Das war auch die Diagnose eines Psychiaters, der Kerry seit seiner High-School-Zeit gekannt hatte. Bleibt nur noch die Frage: Bildete sich Kerry solche unheimlichen Dinge ein, weil er verrückt war, oder war er verrückt geworden, weil solch verbrecherische Dinge an ihm gemacht worden waren?

An einem gewissen Punkt machte ich den Fehler, Kerry mit Vernunftsgründen überzeugen zu wollen, daß ich kein CIA-Agent war.

„Ich weiß, daß du anständig bist", sagte Kerry endlich. „Sie müssen deine Erinnerung ebenfalls ausgelöscht haben."

Er drang dann in mich, mich an all meine Träume zu erinnern. „Das ist die Möglichkeit, Erinnerungen an das, was wirklich geschehen ist, zurückzurufen", sagte er.

II

Im CIA-Jargon ist ein „nützlicher Idiot" einer, der für sie arbeitet ohne es zu wissen.

Meine Bekanntschaft mit Kerry Thornley hinterließ mir ein bleibendes Vermächtnis. Wann immer ich fürchte, daß ich mich und meine Theorien zu ernst nehme, halte ich ein und frage mich: „Bin ich wirklich schon ein nützlicher Idiot geworden?"

Es ist klar, daß der Staat, wie wir ihn kennen, ein eingeborener konspirativer Organismus ist. Wie der Soziologe Franz Oppenheimer in seinem bemerkenswerten Buch „Der Staat" aufzeigt, gibt es keinen anthropologischen oder historischen Beweis, daß es in der Vorgeschichte jemals etwas gab wie Rousseaus „Contrat Social"; im Gegenteil, der Staat tritt immer nach Eroberung durch bewaffnete Kräfte in Erscheinung. Man kann behaupten, daß eine erobernde Elite diese Einrichtungen — Polizei, Armee, Besteuerung — schuf, um Macht über die Eroberten zu gewinnen. Und diese Dinge machen das Skelett eines Staates aus, wie wir ihn aus historischer Sicht kennen. Es gibt keine Aufzeichnung eines friedlichen „Vertrags", wonach ein Stamm selbst eine solche Unterdrückungsmaschinerie über sich gesetzt hat. Eroberer zwangen sie ihm auf.

Bakunin legte in „Gott und der Staat" dar, daß niemand jemals „Gott" oder den „Staat" gesehen habe. Das ist, obwohl es bestürzend ist, wahr. Menschliche Wesen, Priester genannt, behaupten, „Gott" zu vertreten, und andere menschliche Wesen, genannt Beamte, behaupten, den „Staat" zu vertreten, und dieser metaphysische Taschenspieler-Trick reicht aus, Handlungen zu rechtfertigen, die, würden sie bloße menschliche Wesen begehen, nicht nur als verbrecherisch, sondern sogar als barbarisch angesehen würden. Ähnliche Wortzaubereien — Wörter wie „Häresie" und „Verrat" — werden dazu verwendet, die Opfer zu überzeugen, daß sie in diesem Übelstand beharren, daß eine Flucht aus diesem Zustand schlimm ist und daß sogar der Gedanke, daß man ein unterdrücktes Wesen sei, schon eine Sünde sei.

Mit einfachen Worten ausgedrückt: jemand, der dich bestiehlt, ist ein Dieb, wenn er das nicht als ein Vertreter des Staates tut — in letzterem Fall ist er kein Dieb mehr sondern nur ein Steuereinnehmer. Mit dem gleichen metaphysischen Trick nennen wir einen, der Millionen von Menschen mordet, nicht mehr einen Mörder sondern einen Kreuzfahrer, wenn er behauptet, dies im Namen „Gottes" zu tun. Du kannst einem gewöhnlichen Banditen mit einem vollkommenen Sinn für Rechtlichkeit Widerstand leisten, aber du hast Schulgefühle, wenn du dasselbe bei einem „Kirchenmann" oder einem Mann des Staates" tust, denn da ist es „Häresie" oder „Verrat" genannt.

Da der Staat auf Eroberung basiert und sich durch Metaphysik (oder in Wittgensteins Worten „durch Mißbrauch der Sprache") am Leben erhält, folgt er Oglebys Gesetz: „Wo es keine Grenze der Macht gibt, gibt es keine Grenze der Verschwörung."

In den Sechziger Jahren arbeitete die CIA erwiesenermaßen mit zwei Mafia-Führern, Sam Giancana und Johnny Roselli, zusammen. Giancana und Roselli besorgten professionelle Mafia-Killer und die CIA bildete sie aus und schickte sie nach Kuba, um Fidel Castro zu ermorden. Wie alle realen Verschwörungen, war das nicht von Erfolg gekrönt; Castro lebt noch immer. Diese Verschwörung war bei einem Kongreß-Hearing bekannt geworden und wurde in den internationalen Medien erwähnt, so daß man nicht fürchten muß, für verrückt gehalten zu werden, wenn man darüber schreibt.

Einer der „Zufälle", mit denen Kerry, der Ex-Marine-Soldat, über den ich oben schrieb, konfrontiert wurde, war ein seltsames Gespräch, das er mit Johnny Roselli hatte. Es war schon seltsam genug, daß Roselli überhaupt ein Gespräch mit Kerry begann, denn dieser war nur ein Parkplatz-Benützer bei dem Hotel, in dem Roselli wohnte. Es war aber vielleicht noch seltsamer, daß Roselli das Gespräch über den Kennedy-Mord führte und dabei sagte, die CIA sei es gewesen.

Wenn man Anthony Summers' Buch „Conspiracy" folgen will, dann gibt es einen guten Grund zu der Annahme, daß Johnny Roselli selbst einer der Anstifter zu den Kennedy-Morden — sowohl von John als auch von Bob — in Zusammenarbeit mit Giancana, demselben Giancana, der vorher mit ihm zusammengearbeitet hatte, Mörder für die CIA zu beschaffen. Während Summers' Beweis nicht schlüssig ist, ist das durchaus überzeugend.

Das Komitee zur Untersuchung der Morde schloß aufgrund eindeutiger wissenschaftlicher Beweise, daß es zwei Schützen gegeben hatte, die auf der Bealy Plaza auf John Kennedy geschossen hatten, einer von vorne und einer von hinten. Aufgrund nicht so eindeutiger aber durchaus auch einleuchtender Unterlagen schloß das Komitee weiter, daß eine Verschwörung von mehr als zwei Personen anzunehmen sei und daß die Möglichkeit einer Mafia-Beteiligung einer näheren Untersuchung wert wäre.

Prof. Howard Blakey vom Komitee wurde in einer Pressekonferenz noch deutlicher: „Ich bin nun der festen Meinung, daß es der Mob tat", sagte er. „Es ist eine historische Wahrheit."

Sam Giancana wurde im Juni 1975 erschossen, nachdem er einmal vor dem Komitee ausgesagte hatte und ehe er, weil er die Anstiftung bestritten hatte, noch einmal unter Eid vernommen werden sollte. Giancana wurde in den Mund geschossen — der „Sasso in bocca", die traditionelle Mafia-Strafe für Leute, die verdächtigt werden, Informationen weiterzugeben.

Johnny Roselli wurde im Juli 1976 erschossen, nachdem er ebenfalls vor das Komitee zitiert worden war. Will man dem Journalisten Jack Anderson glauben, so hatte ihm Roselli erzählt, daß er nicht an den Kennedy-Morden beteiligt gewesen sei, sondern eine andere Mafia-Familie.

Nach einem neueren Buch von Anthony Summers, „Goddess", gibt es eklatante Beweise, daß Sam Giancana und Johnny Roselli dafür gesorgt hatten, daß im Schlafzimmer des Hauses, das dem Schauspieler Peter Lawford gehörte und in dem sich Marilyn Monroe und Bobby Kennedy für ihr Tête-à-tête trafen, weil sie glaubten, dort vollkommen ungestört zu sein, elektronische Wanzen installiert wurden. Jimmy Hoffa von der Lastwagen-Gewerkschaft, welcher von Bobbys „brutal gewordenem" Justizministerium eingesperrt worden war, war angeblich ebenfalls in das Komplott verwickelt, welches Material beschaffen sollte, mit dem man Bobby erpressen konnte. Eine BBC-Dokumentation über Summers' Buch — „Sage dem Präsidenten gute Nacht", BBC-TV 1985 — unterstützte alle von Summers' Beschuldigungen.

Giancana und Roselli wurden beide Mitte der Siebziger Jahre erschossen, wie wir gesehen haben. Jimmy Hoffa verschwand einfach und wurde nie gefunden, weder tot noch lebend.

Norman Mailer wurde während seiner Forschungen für sein Monroe-Buch überzeugt, daß es um den Tod des Filmstars manches aufzuhellen galt. Er deutete sogar an, daß es durchaus nicht abwegig sei, von Mord zu sprechen.

Entsprechend dem Buch von Summers, „Goddess" und der oben erwähnten BBC-Dokumentation gab es in der Tat eine Verschwörung, die Marilyns Tod drei Stunden geheimhielt, während unbekannte Personen alle Unterlagen, die sich auf die Liebesaffären mit John und Bob Kennedy bezogen, aus dem Haus entfernten. Schwerwiegende Indizien lassen vermuten, daß diese Sache von Peter Lawford angestiftet wurde, er hatte, wie schon erwähnt, sein Haus für die Liebesaffairen von Marilyn Monroe zur Verfügung gestellt und war überdies mit den Kennedys verschwägert. Es ist nicht nachzuweisen, daß Lawford jemals dachte oder auch nur annähernd auf den Gedanken kam, daß er eine Schlüsselfigur in einem Mordfall werden könnte. Er dachte vermutlich, oder wollte es wenigstens denken, daß er nur mithalf, die politische Aufdeckung der Peinlichkeiten von Bettgeschichten zu verbergen. Die Möglichkeit eines Mordes bleibt eben nur eine Möglichkeit, obwohl es auch von Hank Messick, einem früheren Berater des Joint Legislative Comitee für die Untersuchung von Verbrechung, behauptet wird. Messick erklärt, daß ihm ungenannte Informanten aus der Mafia erzählt hätten, Marilyn war getötet worden, um Bob Kennedy in eine Falle zu locken und dann zu erpressen, damit er seinen Kampf gegen den Mob einstelle.

Alles, was man darüber sagen kann, ist, daß es „möglich" ist.

Eine weitere Freundin von John Kennedy — diese reichte er nicht an Bob weiter — war Judith Exner. Wie das Komitee zur Untersuchung der Morde später bemerkte, war Judith Exner, seltsam genug, vor, während und nach ihrer Affäre mit Kennedy, zugleich die Freundin von Sam Giancana. Das Komitee kam zur Ansicht, daß es vermutlich Giancana selbst war, der Frau Exner in das Bett des Präsidenten schupfte, um diesen dann erpressen zu können. Giancana wurde auch, wie Sie sich erinnern, verdächtigt, am Mord an JFK beteiligt gewesen zu sein; er starb durch eine Kugel — in den Mund — während der Untersuchung.

Eine weitere von JFKs Amouren bestand mit einer Mary Pinchot Meyer, einer sehr interessanten Dame. Sie war verheiratet mit Cord Meyer, einem hohen CIA-Mann, der zufällig als einziger dreimal die Distinguished Intelligence Medaille verliehen bekam. Mary Pinchot Meyer war auch eine liebe und gute Freundin von Dr. Timothy Leary; wie dieser in seinem Buch „Flashbacks" schreibt, erzählte ihm Mary, daß die CIA beabsichtigte, seine und anderer Wissenschaftler Versuche mit

LSD und deren Veröffentlichung zu verhindern, da sie das Wissen um die die Psyche ändernde Droge allein behalten wollte.

1964, über ein Jahr nach John Kennedys Ermordung (oder etwa zwei Jahre nach dem etwas mysteriösen Tod von Marilyn Monroe), wurde Mary Pinchot Meyer auf der Straße in Washington erschossen.

Danach wurde Dr. Leary mehrmals eingesperrt, obwohl mit einer Ausnahme von den Gerichten jede Anklage gegen ihn verworfen wurde; wegen dieser einen Sache — Besitz einer halben Marihuana-Zigarette — wurde er verurteilt. Er bekam 37 Jahre, obwohl die Strafe für dieses Delikt im Bundesstaat Kalifornien normalerweise sechs Monate beträgt, und wurde erst freigelassen, nachdem er fünf Jahre verbüßt hatte. Dr. Leary behauptet, er sei von dem verhaftenden Beamten hineingelegt worden; er behauptete auch, daß es viele Unklarheiten um den Mord an Mary Pinchot Meyer gab. Niemand kümmerte sich viel um das, was Leary behauptete, denn ein Jahr vor seiner Freilassung hatten Regierungsbeamte in Zeitungen das Gerücht verbreitet, Leary sei Informant der Behörden geworden. Es gab zwar keine einzige Person, die aufgrund einer angeblichen Information Leary angeklagt wurde, aber der Ruf umgab seinen Namen und ,,jedermann'' wußte, daß er eben ein Informant war.

Wie die Franzosen sagen, das gibt einem sehr zu denken.

III

Andererseits, der erste Initiationsgrad der Freimaurer enthält die Warnung, daß, wenn der Kandidat jemals seine Maurer-Brüder verrate, er gejagt würde und gehängt, wo die steigende Flut seine Leiche bedecken würde. Man erwartet nicht, daß wir überhaupt daran denken. Das ist nur ,,Ritual'' und ist nicht wörtlich zu verstehen. Hitler hatte Wahnvorstellungen über die Freimaurer und deshalb hieße es, wenn man denken wollte, die Freimaurer hängten Menschen auf, in die ,,Nazi-Nacht'' zu verfallen, wenn wir uns nicht in Acht nehmen.

Am Morgen des 18. Juni 1982 wurde der Leib von Roberto Calvi, einem Freimaurer, gefunden — von der Blackfriars Brücke in London hängend, dort, wo die Flut seinen Körper bedeckte.

Liberale Gesinnung — oder wie sich gebildete Meinung nennt — verbietet uns absolut, einen eher naheliegenden Gedanken zu fassen.

Aber, es scheint doch *möglich*, daß Signor Calvi von Freimaurern getötet wurde *oder von Personen, welche uns dringend glauben machen wollen, er sei von Freimaurern getötet worden.*

Zur Zeit seines Todes war Calvi auf der Flucht aus Italien, wo er wegen umfangreicher Aktien- und Währungs-Betrügereien angeklagt worden war. Als Präsident der Banco Ambrosiano war Calvi einer der Hauptmanager der vatikanischen Finanzangelegenheiten, entsprechend der engen Verbindung zwischen der Banco Ambrosiano und der IOR oder Vatikan-Bank; seine finanzielle Piraterie hatte den Vatikan mit Hunderten von Millionen Dollar Schulden zurückgelassen. Seine

16

Witwe, Clara Calvi, hatte wiederholt behauptet, daß „hohe Vatikan-Kreise" den Mordauftrag an ihrem Mann gegeben hatten.

Frau Calvis Behauptung wird nicht unterstützt von dem englischen Journalisten Stephen Knight, welcher in „Die Bruderschaft" vermutet, daß Calvi von seinen Maurer-Brüdern aus der bekannten Loge „P 2" getötet wurde. Zwei andere Journalisten, die ebenfalls die Sache untersuchten, bieten in ihrem Buch „Ungelöst: der geheimnisvolle Tod vom Bankier Gottes" eine dritte Version an: sie bemühen sich zu beweisen, daß Calvi, welcher zugegebenermaßen das Geld der Mafia aus dem Drogenhandel durch die Banco Ambrosiano und die Vatikan-Bank „reingewaschen" hat, von der Mafia getötet wurde, weil er sie in einem Heroin-Geschäft betrogen hatte.

Die erste Untersuchung durch den Coroner ergab, zugegebenermaßen aufgrund unvollständiger Beweise, daß Calvi sich selbst erhängt hatte. Nach einer weitreichenden Pressekritik wurde eine neue Untersuchung durchgeführt, wonach der Coroner erklärte, daß die Ursache von Calvis Tod bekannt sei. Das Hauptargument gegen die Selbstmord-Theorie, das in allen einschlägigen Büchern angeführt wurde, ist die Tatsache, daß Calvi von einem unteren Träger herabhing, den zu erreichen selbst ein Artist Schwierigkeiten gehabt haben würde; Calvi aber war 62, übergewichtig, und scheint sich niemals sportlich betätigt zu haben.

Ist es verrückt oder ausgefallen, hinter Calvis Tod eine Verschwörung zu vermuten?

Calvi wurde gefunden mit Ziegeln, die in die Vorderseite seiner Hose gestopft waren, eine Tatsache, die schwer rational zu erklären ist; aber der Symbolismus riecht nach Freimaurerei.

An dem Tag, an dem Calvi von der Brücke hängend aufgefunden wurde, starb seine Sekretärin, Graziella Corrocher, auf seltsame Weise in Mailand; sie fiel oder sprang oder wurde gestoßen aus einem Fenster von Calvis Banco Ambrosiano.

Die quasi-freimaurerische Geheimgesellschaft, zu welcher Calvi gehörte, P 2, ist von den italienischen Untersuchungsbehörden angeklagt worden des vielfachen Finanzbetrugs, der Reinwaschung von Drogengeld der Mafia, der Infiltration der Regierung durch 950 Agenten und der Ausführung von Bombenanschlägen. Die Finanz-Reporterin fügt dem in ihrem Buch „Auf Banken vertrauen wir" noch hinzu, daß es einleuchtend wäre, daß die P 2 der Hauptfinanzier faschistischer Regime in Lateinamerika war und vielen Nazi-Kriegsverbrechern, einschließlich dem bekannten Klaus Barbie, geholfen hat, neue Identitäten zu bekommen und in den von der CIA unterstützten Todesschwadronen, welche die Macht dieser faschistischen Regierungen begründen, Anstellungen zu bekommen.

1978 — vier Jahre bevor Calvi in London starb — sandte der Herausgeber des römischen Magazins „L'Osservatore Politico" dem Papst Johannes Paul I. eine Ausgabe seiner Zeitschrift, in der er über hundert Mitglieder der P 2 und/oder anderer freimaurerischer Logen, die alle Posten im Vatikan (besonders in der IOR

oder Vatikan-Bank, welche eng mit Calvis Banco Ambrosiano zusammenarbeite-
te) bekleideten, anführte. Der Papst starb kurz danach unter zweifelhaften Um-
ständen — es wurde keine Autopsie vorgenommen und der Vatikan weigerte sich,
den fragenden Journalisten den Totenschein zu zeigen.

David Yallops umstrittenes Buch „In Gottes Namen" ist ein Versuch zu beweisen, daß der Papst durch Vatikan-Funktionäre, die alle P 2-Mitglieder waren oder
wenigstens mit ihr verbunden, vergiftet wurde. Yallop bringt keine klaren Beweise
im Sinne einer Gerichtsverhandlung, aber er macht die Sache sehr plausibel.

Was immer auch die Tatsachen um den Tod von Papst Johannes Paul I. gewesen
sind, es gibt überhaupt kein Geheimnis um den Tod von Signor Pecorelli, dem
Herausgeber, welcher die P 2-Liste an den Papst schickte. Pecorelli wurde in seinem Auto erschossen. Beide Kugeln drangen ihm durch den Mund, in der klassischen Exekutionsart der Mafia — derselbe „Sasso in bocca", den die Killer auch
bei Sam Giancana angewandt haben. Es scheint unleugbar, daß Pecorelli durch
die Mafia *oder durch Personen, welche uns dringend glauben machen wollen, er
sei von der Mafia getötet worden*, getötet wurde.

IV

Der provokante Augenblick bei den berühmten „Watergate-Tonbändern" ist
der, als Präsident Nixon zustimmt, an E. Howard Hunt eine Million Dollar zu zahlen, damit er nicht „dieses ganze Schweinebucht-Ding" erzählt. Es ist schwer vor-
stellbar, daß dieses Schweinebucht-„Ding" 1973 noch verheimlicht worden war,
als diese Konversation stattfand, oder warum Nixon eine solche Summe zahlen
wollte, damit es geheim blieb.

Ein Teil der Antwort bezieht sich auf jene merkwürdige Symbiose zwischen CIA
und Mafia, welche wir schon vermerkt haben. Hunt war Angestellter der CIA, als
diese in das Mordkomplott mit Roselli und Giancana verwickelt war, und als die
Schweinebucht-Invasion geplant wurde.

Ein anderer Teil der Antwort findet sich vielleicht in der Geschichte von der
World Finance Corporation, einer Bank in Miami, Florida, die bankrott ging,
nachdem ihre leitenden Herren 1981 angeklagt worden waren, das aus dem Kokain-Handel stammende Geld von südamerikanischen Diktatoren reingewaschen zu haben. Präsident war ein gewisser Hernandez Cataya, welcher mit Hunt
in der CIA während des Schweinebucht-Komplotts gedient hatte.

Auch die beiden anderen führenden Leute dieser Bank wurden als frühere CIA-
Leute entlarvt.

Die Bezeichnung „ein früherer" CIA-Agent kann zweierlei bedeuten. Es kann
bedeuten, daß diese Person die Organisation verlassen und keinerlei Kontakt
mehr mit ihr hat, es kann aber auch bedeuten, daß die Person noch für die Organisation arbeitet und das Honorar auf ein Schweizer Nummernkonto bekommt, obwohl diese Person nicht mehr in den Gehaltslisten der CIA aufscheint. Nur Gott
und die CIA wissen, was diese Bezeichnung im Falle der World Finance Corpora-

tion und ihrem lukrativen Kokain-Geschäft, das auch die von der CIA begünstigten Diktatoren unterstützt, bedeuten mochte.

Finanz-Reporterin Benny Lernoux, welche in ihrem Buch „Auf Banken vertrauen wir" diese seltsame Bank sehr ausführlich behandelt, zitiert sowohl die Untersuchungsbehörden im Miami als auch das Kongreß-Komitee, welche frei heraussagten, daß Versuche, die genaue Rolle der CIA in der World Finance Corporation aufzuhellen, von dieser durch einen Nebelvorhang abgeblockt wurden.

Jedoch wurde in Erfahrung gebracht, daß das Kokain-Geld reingewaschen wurde, indem es von der WFC auf einen seltsamen Rundlauf geschickt wurde, welcher bei einer noch zweifelhafteren Bank auf den Bahamas, genannt Cisalpine, begann. Die Haupteigentümer der Cisalpine-Bank waren Roberto Calvi (erinnern Sie sich an ihn?) und Erzbischof Paul Marcinkus von der Vatikan-Bank. Frau Lernoux glaubt, daß das Drogengeld durch die Banco Ambrosiano und die Vatikan-Bank ging, um dann in einem finanziellen „Schwarzen Loch" zu verschwinden, wo es die Untersuchungsbehörden niemals finden werden.

Lernoux behauptet — wie das auch David Yallop in „In Gottes Namen" tut — daß diese gewinnträchtige Verschwörung von Licio Gelli, dem Großmeister der Geheimloge P 2 geleitet wurde. Gelli, welcher in Italien wegen Verschwörung, Mord, Betrug und Hochverrat angeklagt wurde, versteckt sich zur Zeit in Uruguay, nachdem er in der Schweiz inhaftiert und innerhalb weniger als einer Woche aus dem ausbruchsicheren Gefängnis entkommen war.

Es *scheint,* daß die P 2 von Anfang an Signor Gellis Erfindung war, aber das wird von verschiedenen Forschern angezweifelt. Stephen Knight behauptet in „Die Bruderschaft", daß Gelli für das KGB arbeitete und die P 2 ein sowjetisches Experiment war, eine westliche Regierung zu verunsichern; Knight bezieht sich dabei auf einen Agenten des Britischen Geheimdienstes und folgert, daß entweder Gelli tatsächlich für den KGB arbeitete, oder daß die Burschen in MI-5-London wünschen uns glauben zu machen, daß er für das KGB arbeitete.

Sowohl Yallop in „In Gottes Namen" als auch Lernoux in „Auf Banken vertrauen wir" bezeugen das, aber während es für Gellis Arbeit für das KGB Beweise nur in einem Punkt gibt, gibt es viel stärkere Beweise dafür, daß Gelli viel früher für die CIA angeworben wurde — einmal hatte er die Ermordung einiger Gewerkschaftsführer, welche den Politikern in Washington unbequem geworden waren, organisiert — und das Gewicht der Unterlagen ist so schwer, daß man annehmen kann, daß Gelli in diesem Krieg der Geheimdienste seinen persönlichen Gewinn hatte, indem er für beide Seiten arbeitete.

Viele italienische Journalisten haben versucht zu beweisen, daß Gelli und die P 2 nur Vorfeldorganisation waren für andere, ältere Freimaurer-Gruppen. Larry Gurwin vom „Institutional Investor" (London) zitiert in seinem Buch „Die Calvi-Affaire" ein früheres P 2-Mitglied, der sagte, daß diese geheimnisvolle Loge ihr Hauptquartier in Monte Carlo hatte.

Aber Gurwin bemerkt auch, daß Gelli Mitglied in der Großen Orient Loge der

Ägyptischen Freimauerei war, bevor die P 2 gegründet wurde. Der Groß-Orient ist Lesern der Geheimbund-Literatur wohlbekannt. Er war 1771 vom Herzog von Orleans und dem rätselhaften „Grafen Cagliostro" gegründet worden, und man nimmt an, daß er während der Französischen Revolution die Fäden zog, um den Herzog von Orleans zum König zu machen. Wenn es so war, dann war es erfolglos wie die meisten solcher Komplotte — der Herzog endete auf der Guillotine statt auf dem Thron. Nichtsdestoweniger hatte der Groß-Orient in manchem politischen Abenteuer eine Rolle gespielt und große Verbrechen begangen, so daß sich britische Freimaurer weigern, ihn als „echte" Freimaurer-Loge anzuerkennen.

Hier ist es wert, einige Gedanken Roberto Calvis, eines Mannes, der viele Hintergrund-Informationen hatte, mitzuteilen. Calvi empfahl bei zahlreichen Gelegenheiten Mario Puzos Roman „Der Pate" mit dem Argument, das sei das einzige Buch, das berichtet, wie die Dinge wirklich laufen. Calvi glaubte daran, was in Italien „potere occulto" heißt — geheime Macht, die hinter der Szene ihre Fäden zieht. Sein Sohn Carlo sagt, daß Roberto „von Geheimgesellschaften fasziniert" war und Calvis Anwalt erklärte Gurwin, daß Calvi daran glaubte, daß die „Welt von konspirativen Gruppen gelenkt wird".

Der Plural ist bemerkenswert. Amateure auf diesem Gebiet scheinen immer in die Falle zu tappen, an eine einzige Große Verschwörung zu denken, im Singular. Das ist deshalb, weil die Verschwörungen, wie ein Spaghetti-Knäuel, endlose Verwicklungen und Überlappungen aufweisen: aber man darf trotzdem nicht in den Irrtum verfallen, die Spaghetti nicht für einen zusammenhängenden und intelligenten Organismus zu halten.

Es ist bemerkenswert, daß Gurwin, obwohl bei dem konservativen „Institutional Investor" angestellt, zu dem Schluß kommt, nachdem er die einander kreuzenden Wege von Vatikan, Mafia, CIA und Freimaurerei durch Dschungel von Betrug und Doppelzüngigkeit verfolgt hatte: „Roberto Calvis Weltansicht mag weit mehr den tatsächlichen Gegebenheiten entsprechen als irgendeine andere, die man sich vorstellen könne."

V

Pater Juan Krohn, welcher versuchte, 1982 in Fatima Papst Johannes Paul II. zu ermorden, glaubte, daß der Vatikan im letzten Jahrzehnt von Freimaurern und Satanisten übernommen worden war. Das war die Doktrin des abtrünnigen Erzbischofs Lefebvre in Frankreich, welcher Krohn zum Priester geweiht hatte, und spielte eine große Rolle in Krohns geistiger Entwicklung. Viele haben sich gewundert, warum Lefebvre, dessen Anschuldigungen gegen den Vatikan nun schon legendär geworden sind, niemals exkommuniziert wurde. Lincoln, Leigh und Baigent schreiben in ihrem umstrittenen und spekulativen Buch „Heiliges Blut, Heiliger Gral", ein englischer Schüler von Lefebvre habe behauptet, der abtrünnige Bischof halte gegen den Vatikan eine „welterschütternde Waffe" in der Hand. Was immer auch Lefebvres „Waffen" sein mögen, es ist gewiß nicht die genaue Kenntnis von der Infiltration der IOR (Vatikan-Bank) durch Freimaurer / P 2; das ist schon weitreichend publiziert worden, und der Vatikan behandelte die Sache, wie Priester immer unangenehme Dinge behandelt haben, wie das Zeugnis der „Irish Press" vom 23. Juni 1983, in welcher Zeitung der Papst in wohlgewählten Worten auf eine Anfrage bezüglich der Betrügereien und Drogen-Geschäfte der Vatikan-Bank antwortet:

> Viele unangenehme Dinge stehen in den Zeitungen, Dinge, welche keine Grundlage in der Wahrheit haben. Man darf niemals durch das, was man in den Zeitungen liest, seinen Glauben erschüttern lassen.

W. C. Fields hätte nicht mit mehr Selbstsicherheit entgegnen können.

Wir tappen noch im Dunkeln, welcher Art die „welterschütternden Waffen" sind, die der Häretiker Lefebvre gegen den Vatikan in Händen hält. Wie Pater Malachias Martin SJ (in seinem „Niedergang und Fall der Römischen Kirche") anführt, sandte Lefebvre dem früheren Papst Johannes Paul I. eine Mappe mit Dokumenten, betreffend die Verbindungen von führenden Vatikan-Mitarbeitern zusammen mit Fotos von Kardinälen mit ihren Bettgenossen und anderen unappetitlichen Angelegenheiten — aber der Papst war plötzlich tot, ehe er auf irgendeine Art darauf antworten konnte. Lefebvres rechte Hand, Abbé Ducaud-Bourget, sagte vor der französischen Presse über das Ableben des Papstes, „Es ist schwer zu glauben, daß dieser Tod ein natürlicher war" — was so etwas war wie ein neuer Höhepunkt, oder ein neuer Tiefpunkt, in dem Propaganda-Krieg zwischen den Lefebvre-Anhängern und dem Vatikan — aber einiges bleibt unerklärt, man fühlt es.

Folgt man Jean Delaudes „Le Cercle d'Ulysse", so sind sowohl Erzbischof Lefebvre als auch Abbé Ducaud-Bourget Mitglieder der Priorei von Sion. Delaude bezeichnet die Priorei von Sion als einen alten katholischen Orden, streng konservativ, welcher laufend versichert, daß er Lefebvre zum nächsten Papst machen möchte. Delaude sagt aber auch, daß Abbé Ducaud-Bourget der derzeitige Großmeister der Priorei von Sion ist, nachdem er 1963 auf Jean Cocteau gefolgt ist.

Eine etwas andere Ansicht über die Priorei von Sion findet sich in Gerard de Sedes Buch „La race fabuleuse". Wie de Sede erzählt, wurde die Priorei von Leuten, die von den Merowinger-Königen abstammen oder die sich der merowingischen Sache widmen, gegründet. Eine zweite Gruppe, die de Sede nicht nennt, welche aber verdächtig nach dem Vatikan aussieht, hat die Merowinger verfolgt und gemordet, und zwar mehr als eintausend Jahre lang; sie tötete den letzten Merowinger-König Dagobert II. am 23. Dezember 689 und (vielleicht aus einem Sinn für Symmetrie) töteten sie de Sedes Hauptinformanten, einen unauffindbaren „Marquis de B." am 23. Dezember 1971. Und gerade am Ende seiner seltsamen und unbewiesenen Sage deckt de Sede das Geheimnis der Merowinger und der

Priorei von Sion auf — es handelt sich um übermenschliche Wesen, die aus Ehen im alten Israel zwischen dem Stamm Benjamin und Außerirdischen vom Sirius abstammen. De Sede erwähnt Erzbischof Lefebvre überhaupt nicht.

Der Schweizer Journalist Mattieu Paoli gibt wieder eine andere Schilderung in seinen ,,Les Dessous d'une ambition politique". Auch Paoli erwähnt Erzbischof Lefebvre nicht. Er erklärt, daß die Propaganda der Priorei von Sion in der Schweiz durch die Großloge Alpina, die größte Loge in dem Land, die als einzige angeblich die Schweizer Banken kontrolliert, verbreitet wird. (Seltsam, Yallops ,,Im Namen Gottes" weist darauf hin, daß die Freimaurer in der Vatikan-Bank aus Mitgliedern der Alpina wie auch der P 2 bestehen.) Paoli fand, daß ,,Circuit", die Zeitschrift der Priorei von Sion, durch die Großloge Alpina vertrieben wird, es stehen hauptsächlich obskure Artikel über Astrologie und Okkultismus darinnen, entsprechend dem Titelblatt wird sie herausgegeben vom Komitee zur Sicherung der Rechte und Privilegien von Niedrig-Zins-Wohnungen. Sie wurde tatsächlich publiziert von einem Regierungsbüro in Paris, genannt Komitee für die Öffentliche Sicherheit, wie Paoli herausfand.

Die Direktoren jenes Komitees für die Öffentliche Sicherheit waren zu jener Zeit André Malraux, der bekannte Kritiker und Romancier, und Pierre Plantard de Saint Clair, über den wir bald mehr erfahren und weniger verstehen werden. Sowohl Malraux als auch Plantard dienten während des Zweiten Weltkriegs unter de Gaulle in den Freien Französischen Streitkräften, und beide waren nach dem Krieg enge Kameraden geblieben. Paoli war zugegebenermaßen gedrängt herauszufinden, was die Priorei von Sion war. Die Schlußfolgerung seines Buches war, daß die Priorei in hohe französische Regierungskreise reicht und großen Einfluß auf Schweizer Banken hat.

De Sedes Buch war noch nicht erschienen, als Paoli ,,Les Dessous" herausbrachte, daher ist es vergnüglich, daß er ohne Kommentar das Deckblatt einer Ausgabe der Priorei-Zeitschrift ,,Circuit" wiedergibt. Das Deckblatt zeigt eine Karte von Frankreich mit einem darübergelegten Davidstern und etwas, das wie ein Raumschiff aussieht . . .

Es ist gewiß nur ein Zufall (ich hoffe es wenigstens), daß Paoli als Spion in Israel erschossen wurde, kurz nachdem sein Buch erschienen war.

Auch nach Lincoln, Baigent und Leigh in ,,Heiliges Blut, Heiliger Gral" ist das Geheimnis der Priorei von Sion das, wie schon de Sede behauptet, daß ihre Führer von den Merowinger-Königen abstammen — aber die Merowinger stammen hier nicht von Außerirdischen sondern von Jesus Christus und Maria Magdalena ab. Die Autoren behaupten auch (was de Sede nur andeutet), daß der Vatikan Dagobert II. ermorden ließ, aber sie schreiben nicht, daß der Vatikan noch heute versucht, alle Nachkommen von Dagobert (d. h. auch von Jesus Christus) zu ermorden. Sie halten Pierre Plantard de Saint Clair und nicht Abbé Ducaud-Bourget für den Großmeister der Priorei von Sion und versuchen zu beweisen, daß Plantard ein direkter Nachkomme von Jesus und Magdalena ist.

M. Plantard gab den Autoren tatsächlich ein Interview und war hervorragend verschlossen und ausweichend. Er gab keinen Kommentar über seine eigene Ahnenliste, aber erzählte bereitwillig, daß die Priorei von Sion im Besitz eines Schatzes sei, der Israel gehöre; dieser Schatz sei nicht materiell sondern geistig und werde „zu gegebener Zeit" an Israel zurückgegeben werden.

Nach Michael Lamys Buch „Jules Verne: Initiate et Initiateur" war Verne Mitglied der Priorei von Sion, welche ursprünglich eine Vorfeldorganisation für die Illuminaten-Verschwörung in der Freimaurerei des 18. Jahrhunderts war — natürlich, die Illuminaten und der Groß-Orient, von dem die P 2 ausging, sind praktisch identisch — und ihr Geheimnis sei, daß sie einen Tempel in Rennes-le-Chateau kennen, welcher in seinem Fundament ein Loch hat, das direkt zum Erdzentrum führt, wo es eine Rasse unsterblicher Übermenschen gibt.

Wie de Sedes Geschichte von den Außerirdischen, die sich mit den Hebräern vermählten, ist auch das nicht gut dokumentiert. Es gibt einen Tempel in Rennes-le-Chateau, der in den meisten anderen Büchern über die Priorei von Sion erwähnt wird. Er wurde in den neunziger Jahre des vergangenen Jahrhunderts von einem exzentrischen Priester, Pater Saunière, erbaut, ist der Maria Magdalena geweiht, und aus dem gleichen seltsamen Grund schrieb Saunière über sein Tor die Sinnschrift „Dieser Ort ist schrecklich."

Nach Een Beggs Buch „The Cult of the Black Virgin" wurden die geheimnisvollen Schwarzen Madonnen in den europäischen Kirchen — es gibt über 400 von ihnen, von den meisten Historikern als unerklärlich angesehen und sehr verwirrend für den Vatikan — von der Priorei von Sion im 13. Jahrhundert in den Kirchen installiert. Begg, der mehr zu hermetischem Verbergen als zu klarer Aufdeckung neigt, sagt, daß die Priorei zu dieser Zeit auch die Tarot-Karten in Europa eingeführt hat und daß das alles mit Maria Magdalena und dem Sufi-Orden des Islam zu tun hat.

Gehen wir etwas zurück, in „Heiliges Blut, Heiliger Gral" wird darauf hingewiesen, daß Pater Saunières Tempel zwei auffallend seltsame Kreuzweg-Stationen besitzt; eine davon zeigt, wie Jesus bei Nacht aus seinem Grab entfernt wird, vermutlich von Verschwörern, die die Auferstehung vortäuschen wollten. Die andere, nicht so blasphemische, aber eher geisterhaft, zeigt einen Schotten im Kilt, der die Kreuzigung beobachtet.

Alle Quellen stimmen darin überein, daß Pater Saunière ein Freund, wenn nicht gar Mitglied der Hermetischen Bruderschaft vom Licht in Paris war. Das ist noch eine Geheimgesellschaft, der zu verschiedenen Zeiten der Komponist Claude Debussy, Gerard Encause und Aleister Crowley angehörten. Debussy war, verschiedenen unserer Quellen zufolge, Großmeister der Priorei von Sion. Encause, besser bekannt unter seinem Pseudonym „Papus", schrieb eines der einflußreichsten Bücher über Tarot und war später eng verbunden mit Rasputin in Rußland. Crowley schrieb auch ein wichtiges Buch über Tarot und wurde Oberhaupt des Ordo Templi Orientis (noch eine Geheimgesellschaft, die ihren Ursprung vom Sufi-

Orden und den Tempelrittern ableitet). Crowley arbeitete auch für den deutschen Geheimdienst im Ersten Weltkrieg, obwohl er seltsamerweise ein guter Freund von Commander Marsden vom Britischen Marine-Nachrichtendienst blieb, was viele zu der Annahme verleitet, er sei Doppelagent gewesen.

Nach Francis Kings „Satanismus und Swastika" war das Oberhaupt des Ordo Templi Orientis vor Crowley Dr. Theodore Reuss, der ebenfalls für den deutschen Geheimdienst arbeitete und sogar eine Persönlichkeit wie Karl Marx ausspionierte.

Es ist zwecklos zu versuchen, einen Sinn in all diese Angaben zu bringen. Erinnern Sie sich an die Metapher von dem Spaghetti-Knäuel und erinnern Sie sich, daß Verschwörungen wie Nationen keine dauernden Verbündeten sondern nur dauernde Interessen haben. Es ist jedoch von einigem Interesse, daß Pater Sauniè-re, der einen Tempel für Magdalena baute und ihn „schrecklich" nannte, und welcher verbunden war mit der Bruderschaft vom Licht und der Priorei von Sion, ein sehr reicher Mann aus unbekannten Quellen wurde. Nach „Heiliges Blut, Heiliger Gral" soll Saunière seinen Reichtum durch ein großes Geschenk von Erzherzog Johann von Habsburg bekommen haben.

Nach Maynard Solomons Buch „Beethoven" soll der Komponist sein erstes größeres Werk, die „Kaiser-Joseph-Kantate", im Auftrag der Geheimgesellschaft der Illuminaten geschrieben haben. Die Kantate glorifiziert Joseph von Habsburg als einen Lichtbringer und Feind von „Dunkelheit und Aberglauben". Der Kaiser scheint seine Erleuchtung hauptsächlich durch die Tatsache demonstriert zu haben, daß er die Freimaurerei (einschließlich der Illuminaten-Logen natürlich) in Österreich legal machte und daß er die katholischen Schulen schloß und durch öffentliche Schulen ersetzte.

Wir könnten einiges daraus schließen, wenn wir bemerken, daß ein Habsburger im 18. Jahrhundert ein Freund der Freimaurerei war und ein Held der Illuminaten, und ein anderer Habsburger gab ein Riesenvermögen an einen fremden Priester, welcher mit der Priorei von Sion verbunden war.

Wir könnten sogar seltsame und romantische Gedanken fassen, wenn wir diese Tatsachen zusammen mit der Genealogie der Merowinger, die auf Leo Shidlof zurückgeführt wird und sich in der Bibliothèque Nationale befindet, betrachten. Gemäß dieser Genealogie sind die Habsburger Merowinger-Abkömmlinge. Solcherart sind sie verwandt mit Jesus und Magdalena, wenn man „Heiliges Blut, Heiliger Gral" glauben will, oder den Außerirdischen vom Sirius, wenn man „La race fabuleuse" glaubt.

Der gegenwärtige Sproß der Familie, Dr. Otto von Habsburg, hat das Interesse der Verschwörungsforscher auf sich gezogen, jedoch weil er eines der führenden Mitglieder der Bilderberger ist — der geheimnisvollen Gruppe von Finanzleuten, welche sich einmal in Jahr treffen, immer an einem anderen Ort, und niemals Pressefragen über das, was verhandelt wurde oder was ihre Absichten sind, beantworten. Gemeinsam mit Dr. von Habsburg sind die zwei am besten bekannten

Bilderberger David Rockefeller, welcher tatsächlich das amerikanische Bankwesen kontrolliert, und Prinz Bernhard der Niederlande.

VI

David Rockefeller ist natürlich der eigentliche Hintermann der geheimnisvollen Trilateralen Kommission, ihm gehört die Chase Manhattan Bank und er gehört zum esoterischen Bilderberger Club. Lyndon Larouche, der exzentrische rechtsgerichtete ehemalige Trotzkist, glaubt, daß die Trilaterale Kommission nichts anderes ist als Rockefellers Versuch, die Weltherrschaft zu übernehmen; aber Larouche glaubt auch, daß Königin Elisabeth II. der Kopf hinter dem internationalen Drogenhandel ist. Andere, weniger bizarre Leute als Larouche haben sich über die Trilateralen den Kopf zerbrochen. Zum Beispiel Sean MacBride — Gewinner des Lenin-Friedenspreises, der American Medal of Justice, der Dag Hammarskjöld Medal of Honor von den UN und des Friedens-Nobelpreises — hat die Trilateralen beschrieben als Organisation für Rockefellers Banken-Interesse; MacBride findet es auch unheimlich, daß so kleine Nationen wie Irland einen Premierminister und zwei Kabinettsmitglieder haben, die auch der Trilateralen Kommission angehören. In der ganzen westlichen Welt werden Trilaterale in größerer Anzahl in allen Nato-Regierungen gefunden.

Penny Lernoux behandelt in „Auf Banken vertrauen wir" die Trilaterale Kommission als Rockefellers größere Narretei, indem sie vermutet, daß wenn diese Rockefellers finanzielle Interessen dienen soll, diese ein totaler Fehlschlag ist, da die Mitglieder den größten Teil der Zeit mit Streiten verbringen.

Wieder müssen wir zu unserer Spaghetti-Metapher zurückkehren und erinnern uns, daß die meisten Verschwörungen nicht so clever sind, wie sie es zu sein vermeinen. Die Trilateralen „überrennen die Welt" noch nicht, aber sie sind wie Spaghetti mit jeder anderen ähnlichen Gruppe, die ähnliche Macht ausübt, verflochten. Durch Prinz Bernhard haben sie letztlich einen Kommunikationskanal zu den Bilderbergern und vermutlich dem finanziellen Flügel der Priorei von Sion, welche für all ihren Mystizismus einmal von einem Büro von de Gaulles Regierung aus operierte und welche ihrerseits verbunden ist mit der Großloge Alpina und den Gnomen von Zürich. Durch die Chase Manhattan Bank war Rockefeller finanziell mit der World Finance Corporation und deren seltsamen Kontakten zu CIA und Mafia verknüpft; durch die Chase Manhattan Bank ist Rockefeller weiter verknüpft mit der Vatikan-Bank.

Die Franklin National Bank, welche durch den erschütterndsten Bankrott der Siebziger Jahre zusammenbrach, war ebenfalls Kunde von der Chase Manhattan Bank und Mr. Rockefeller. Franklin National wurde gegründet von Michele Sindona, Manager der Vatikan-Finanzen in den USA und Mitglied der P 2. Sindona, welcher seine Karriere als Anwalt mehrerer sizilianischer Mafia-Familien begann, kaufte riesige Pakete von Aktien der Paramount, von Procter & Gamble und dem World Trade Center für den Vatikan; er scheint auch direkt vor Rockefellers Nase

— Chase war der Hauptbürge von Franklins Anleihen — 55 Millionen Dollar von Franklin National erbeutet zu haben und wurde später verurteilt, in New York wegen 65 Anklagepunkten über Aktien- und Wechsel-Betrug, und in Rom wegen dem Mord an einem Bank-Prüfer. Sindona starb im Gefängnis, als er einen weiteren Prozeß erwartete, weil er mit Roberto Calvi, Licio Gelli (Großmeister der P 2) und General Musemicci, Chef der italienischen Geheimpolizei an dem Bombenanschlag in Bologna 1980 beteiligt war. Die Berichte sind uneins, ob Sindona Selbstmord verübte oder von seinen früheren Gefährten vergiftet worden war. Die Motive des Bombenanschlags in Bologna sind unklar — die jeweilige Interpretation hängt davon ab, ob man die P 2 hauptsächlich als Werkzeug von der CIA oder vom KGB betrachtet oder als eine Gruppe von Abenteurern, die beide Seiten im Kalten Krieg für ihren eigenen finanziellen Gewinn ausnützt. Das einzig Sichere, das wir wissen, ist, daß Lord Acton recht hat, wenn er sagt, daß alle Macht zu Korruption neigt und absolute Macht absolut korrumpiere.

Licio Gelli war zufällig nicht nur Großmeister der P 2 und zeitweise Mitarbeiter von CIA und KGB, sondern auch Ritter von Malta. Die Ritter von Malta, einer der geheimsten Orden des Vatikans, stammen aus dem 12. Jahrhundert, die Mitgliedschaft darin verlieh Gelli ein brüderliches Band mit William Casey, dem Kopf der CIA, welcher ebenfalls Ritter von Malta ist, und mit General Alexander Haig, einem weiteren Ritter von Malta, welcher Berater Präsident Nixons und Staatssekretär unter Präsident Reagan war. Das wird erklären, warum Gellis Kollege im Kokain-Handel und Bank-Betrug, Michele Sindona, Gast bei Nixons Inaugurationsball und Gelli selbst Gast bei Reagans Inaugurationsball war.

David Rockefeller ist auch Hauptfinanzier der Republikanischen Partei, und zwei seiner Brüder sind Gouverneure geworden, in New York und in Arkansas. Die Spaghetti-Metapher muß wieder herangezogen werden um zu erklären, warum Nixon, der Rockefeller sehr viel verdankt, auch ein guter Freund von Rockefellers Erzfeind, Howard Hughes, war.

Der Krieg zwischen Rockefeller und Hughes ist das Hauptthema von David Tinnins Buch „Just About Everybody Vs Howard Hughes", eines Buches, das für jedermann, der den modernen Kapitalismus verstehen will, ebenso wichtig ist, wie Macchiavellis „Der Fürst" für jemanden, der die Politik verstehen will. Kurz, Rockefeller machte sich auf, Hughes die Kontrolle der Trans World Airlines abzujagen, aber Hughes schwor, er würde eher „das Unternehmen niederbrennen", bevor er Rockefeller erlauben würde, es zu übernehmen. Der Konflikt zog sich hin, dauerte Jahrzehnte und hinterließ einen geisteskranken Hughes, welcher überzeugt war, daß Rockefeller die ganze Regierung mit allem Drum und Dran gehörte. Die Frage ist: Dachte Hughes derartiges, weil er schon eine Anlage zur Paranoia hatte, oder wurde er geisteskrank wegen dem, was ihm passierte, als er in Amerikas Gerichten gegen Rockefeller kämpfte?

Eines der losen Enden, die von Watergate übriggeblieben sind, ist die Frage, warum Präsident Nixon seine „Klemoner" — seine eigene private Spionage-Gruppe und Bande für schmutzige Tricks — dem Howard Hughes lieh, für den sie nächtlicherweise in ein Zeitungsbüro einbrachen, wo sie weiß Gott was suchten. Wie Carl Oglesby in seinem Buch „Der Yankee- und Cowboy-Krieg" hinweist, hatte Hughes vorher Nixons Bruder, Donald, eine Million Dollar gegeben; Hughes war gleichermaßen großzügig gewesen, sich die Sympathien von Hunderten von westlichen Politikern zu kaufen in seinem Bemühen, das abzuwehren, was er als Rockefellers Todesgriff nach den Ostküsten-Gesetzgebern und -Richtern sah. Am Ende von allem war Hughes nicht nur verrückt und in einen Raum gesperrt, ängstlich jeden menschlichen Kontakt vermeidend, sondern auch sein Finanz-Imperium war, wie Oglesby beweist, von der Mafia unterwandert, welche er um die Kontrolle der Spielcasinos in Las Vegas bekämpft hatte.

Die Ritter von Malta, zu welchen Licio Gelli, William Casey von der CIA und General Haig gehören, werden in Gordon Thomas' Buch „Das Jahr von Armaggedon" behandelt. Thomas behauptet, daß Papst Johannes Paul II. wöchentliche Treffen mit CIA-Offizieren in Rom abhält und die Ritter von Malta als Kuriere für geheime Nachrichten ins CIA-Hauptquartier in Alexandria, Virginia, verwendet. Das alles erinnert mich an eine Bemerkung, die ich einmal von dem Philosophen Alan Watts hörte: „Der größte Irrtum akademischer Historiker ist ihr Glaube, daß das römische Imperium ‚zusammenbrach'. Es brach niemals ‚zusammen'. Es kontrolliert noch immer die westliche Welt durch den Vatikan und die Mafia." Unsere Hinweise zeigen uns jedoch, daß Vatikan/Mafia nicht den Westen kontrollierten, sondern es nur versuchen, und daß in dem riesigen Spaghetti-Knäuel, welchen die Primaten-Länder-Politik darstellt, jede andere verwandte Gruppe für sich eine ähnliche Kontrolle beansprucht. Sie alle arbeiten zu gewissen Zeiten zusammen und betrügen einander zu anderen Zeiten, wenn es zu ihrem Vorteil ist.

Robert Anton Wilson

Guido von List,
Aufnahme aus dem Jahre 1910

GERMANEN-ORDEN UND
THULE GESELLSCHAFT

Kurz nach dem Ende des Ersten Weltkriegs erschien in einigen deutschvölkischen Zeitungen eine Anzeige folgenden Inhalts: „Ordensloge! Blonde, helläugige Männer und Frauen, welche sich einem deutschvölkischen Orden bzw. einer deutschen Loge mit streng germanischem Brauchtum anschließen wollen, sollen ihre Anschriften unter ‚Walvater‘ vertrauensvoll einsenden." Es war ein Zweig des geheimnisumwitterten Germanenordens, der solcherart um Mitglieder warb. Eine öffentliche Mitgliederwerbung für einen Geheimorden hatte es vorher nie gegeben; diese Idee, von einem Rudolf von Sebottendorff geboren, war einmalig. Natürlich war nicht gedacht, solcherart angeworbene Menschen sofort mit den Geheimnissen des Ordens vertraut zu machen; man brauchte dies für den äußeren Kreis, der zwar Vorträge besuchen und germanisches Brauchtum pflegen durfte; über die Vorgänge hinter den Kulissen jedoch erfuhren die Mitglieder dieses äußeren Kreises nichts. Was war dieser Germanenorden?

Zu Beginn dieses Jahrhunderts gab es im deutschen Raum (und nicht nur in diesem) zahlreiche Versuche, vom Christentum weg zu einem arteigenen deutschen Glauben zu finden. Dabei gab es ernstzunehmende Versuche, die wissenschaftlich fundiert waren, aber auch zahlreiche Phantasten. Auf die einzelnen Bestrebungen einzugehen, würde den Rahmen dieser Arbeit sprengen, wir wollen sie daher nur insoweit behandeln, als es für das Verständnis des Folgenden von Bedeutung ist. So brauchen wir auch nur zwei wichtige Gruppierungen zu unterscheiden, die allerdings gegeneinander nicht allzu streng abzugrenzen sind, vielfach verschmolzen nicht nur die Ideen, sondern auch die Mitglieder ineinander, es gab Doppel- und sogar Mehrfachmitgliedschaften, wie wir sie auch von den großen Religionsgemeinschaften Asiens kennen. Zu jenen, die sich vollkommen vom Christentum lösen und eine eigene deutsche Religion schaffen wollten, gehörten als bedeutendste Persönlichkeiten: von Wolzogen, Guido von List, Otto Sigfrid Reuter, Ludwig Fahrenkrog und andere. Eine zweite Gruppe versuchte, das Christentum völkisch umzuwandeln, wobei oft recht kuriose Methoden angewandt wurden, falsche Auslegungen, Verzerrungen usw. Jesus wurde vom Halbjuden zu einem Menschen nordischer Herkunft gemacht und ähnliche Vermutungen. Zu diesen Menschen gehörte Jörg Lanz von Liebenfels und sein Neu-templer-Orden.

Im Zuge der religiösen Bestrebungen im deutschen Volk wurde im Jahre 1912 auch der Germanenorden gegründet. Er wollte als völkisches Gegenstück zur internationalen Freimaurerei angesehen werden; der Freimaurerei wurde vor allem ihr Internationalismus und der starke Einfluß jüdischer Kräfte vorgeworfen. In der Zeitschrift „Runen'' vom 21.7.1918 finden wir einen Beitrag, der das Wollen des Germanenordens ausführlich behandelt:

„Was uns von der Freimaurerei trennt, ist unsere Weltanschauung. Wir betrachten die Welt — die Umwelt — als ein Produkt des Menschen. Die Freimaurer sagen, der Mensch ist das Produkt der Verhältnisse.

Wir kennen keine internationale Brüderschaft, sondern nur völkische Belange, wir kennen nicht die Brüderschaft des Menschen, sondern nur die Blutsbrüderschaft.

Wir wollen frei sein, aber nicht in der Freiheit des Herdenmenschen, sondern in der Freiheit der Pflicht.

Wir haben das Schlagwort von der Gleichheit. Der Kampf ist der Vater aller Dinge, Gleichheit ist der Tod.

Wir wollen leben, lang und glücklich leben. Unsere Ansicht von der Gleichheit ist die Gleichheit der Pflicht. Wir wollen jeden einzelnen von uns so tüchtig wie möglich machen, damit er die Pflicht nicht als Last, sondern als ein Stück von sich selber empfindet. Dann werden wir auch den Kampf bestehen, der kommen wird, kommen muß, den Kampf zwischen Ariern und Juden. Ein erkannter Feind ist kein Feind mehr, wollen unserm Volke die Augen öffnen, wo sein Feind steht, der uns bekämpft bis zur Vernichtung.

Wir verneinen die Lehren der Freimaurerei, daß die Verhältnisse den Menschen bilden; das ist eine Lehre, die der Marxismus aufgenommen hat und mit der er den Leuten schmeichelt, denn wenn es so ist, dann ist der Mensch, der Führer frei von jeder Verantwortung.

Solche materialistische Anschauung führt zum Verfall.

Wir haben aber auch im Brauchtum nichts mit der Freimaurerei gemeinsam. Mit kluger Voraussicht hat man dort alles auf das Gesetz Mosis abgestellt. ‚Das Schwert in der einen, den hölzernen Hammer in der andern Hand' soll der Freimaurer am Tempel Zions bauen.

Wir führen das eiserne Schwert und den eisernen Hammer und bauen am deutschen Halgadom.

Wir wollen nicht mehr Amboß, sondern Hammer sein. Wir beten nicht: ‚Gib, daß einig sei die Erde, daß das menschliche Geschlecht eine Bruderkette werde', weil wir wissen, daß dies unmöglich ist, Sand in die Augen der Dummen, die nie alle werden.

Wir arbeiten für unser Volkstum und wissen, daß wir für den Fortschritt der Menschheit viel mehr tun als alle Logen der Welt. Wir wissen aus der Geschichte, daß der Arier aufbaut, der Jude aber zerstört.

Das Wesen der Juden ist starr und unwandelbar, die Juden können nicht aus ihrer Haut heraus, von jeher haben sie die Wirtsvölker, die ihnen vertrauten, ausgesogen, bis die Wirtsvölker aus der Geschichte verschwanden. Auch die Freimaurerei ist starr und unwandelbar, jeder Freimaurer wird bestätigen müssen, daß sie sich dem Wesen und der Struktur nach nicht wandeln darf. Sie wird daher ebenfalls verschwinden, denn nur das bleibt, was sich organisch entwickelt, was lebt.

Wir sind keine Demokraten, wir lehnen Demokratie durchaus ab. Demokratie ist jüdisch, alle Revolution der Demokratie ist jüdisch. ‚Die Revolution ist der Stern Juda', sagt Gräz als Motto in seiner Geschichte des Judentums.

Wir sind Aristokraten, wir wollen jeden sich seines Volkstums bewußten Deutschen zu einem Edeling machen, dann sind wir gleich. So verstehen wir unsere Gleichheit.

Wir nennen Edeling jeden Germanen, der sich seiner Pflicht bewußt ist, mit dem Schwert und dem Hammer tätig zu sein.

Wir pflegen keinen Humanitätsdusel, wir stützen das Schwache, wo es

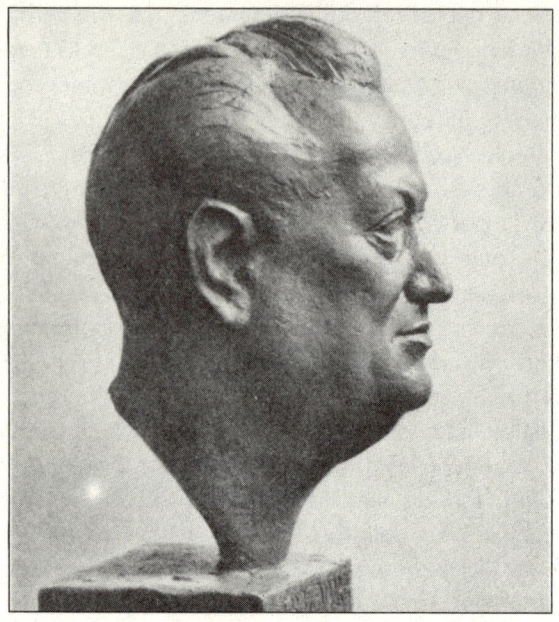

Rudolf von Sebottendorf:
Eine schillernde Persönlichkeit

seiner Natur nach schwach ist, wir reichen aber nicht die eine Wange dem hin der uns auf die andere schlug, wir schlagen zurück und setzen unsern ganzen Stolz darein, kräftig zurückzuschlagen, so zu schlagen, daß der Gegner am Boden bleibt. Das war ja auch die Meinung unseres Heilandes: er war gekommen, das Schwert zu bringen.

Wir bekämpfen bis aufs Blut den Geist, der sich in dem Aufrufe der Mailänder Loge breit macht, den Geist des Mammonismus, der darauf abzielt, überall die Republik einzurichten, weil er dort herrschen kann. Es ist wahr, daß dieser Geist ein von Thron und Altären freies Zeitalter schaffen wird, aber es ist nicht wahr, daß dieses Zeitalter das Glück der Völker bedeuten wird; nein, wo die Masse herrscht, da herrscht Juda und seine Tyrannei wird furchtbar sein."

Man sieht aus diesen Worten, daß hier noch nicht vollkommen zwischen Christentum und deutscher Religion unterschieden wird. Jesus wird hier zu einem deutschen Heiland gestaltet, wie wir ihn schon aus dem „Heliand" kennen. Es ist auch nicht anzunehmen, daß dieser Artikel die einheitliche Meinung des gesamten Germanenordens wiedergibt, denn die führenden Mitglieder dieses Ordens Philipp Stauff und Hermann Pohl bekannten sich damals bereits zu einem reinen Heidentum. Es ist zwar nicht gewiß, daß Sebottendorff der Verfasser dieses Artikels ist, doch ist es anzunehmen. Die Zeitschrift „Runen", eines der Organe des Germanenordens, wurde von ihm finanziert. Daß in diesem Artikel vieles dazu diente, den Mitgliedern, die ja über die Interna nicht unterricht waren, Sand in die Augen zu streuen, werden wir noch später sehen. Als eigentliche, offizielle Grundsätze des Ordens wurden bei der Gründung 1912 folgende Punkte festgelegt:

1. Mitglied des Germanenordens kann nur ein Deutscher werden, der seine Blutreinheit bis ins dritte Glied nachweisen kann.

2. Besonderer Wert soll auf die Propaganda der Rassenkunde gelegt werden; es sollen die Erfahrungen, die man im Tier- und Pflanzenreich gemacht hat, auf den Menschen angewendet und es soll gezeigt werden, wie die Grundursache aller Krankheit, allen Elends in der Rassenvermanschung liege.

3. Die Prinzipien der Alldeutschen sollen auf die gesamte germanische Rasse ausgedehnt werden; es sollte ein Zusammenschluß aller Völker germanischen Bluts angebahnt werden.

33

4. Der Kampf gegen alles Undeutsche, die Bekämpfung des Internationalen, des Judentums im Deutschen, soll mit aller Energie vorangetrieben werden.

Die Übertreibungen sind dem Geist der damaligen Zeit entsprechend, wir kennen sie schon von den Neutemplern. Denn natürlich haben selbst deutschvölkische Rassenkundler festgestellt, daß es keine germanische Rasse gibt; es wird in allen diesen Aussendungen der Begriff der Rasse mit dem des Volkes gleichgestellt. Auch haben zu allen Zeiten auch deutschvölkische Rassenforscher festgestellt, daß die Germanen durchaus nicht blond und blauäugig sein müssen; der Forscher Hermann Güntert ging sogar soweit, daß er feststellte, daß die Germanen aus der Vermischung zweier einander ideal ergänzender Rassen entstanden sind. Während auch er in Übereinstimmung mit der Wissenschaft feststellt, daß die Vermischung von Rassen in den meisten Fällen zu Erbschäden führt, war die Vermischung der beiden Rassen, aus denen das Germanentum hervorgegangen ist, ausgesprochen ideal gewesen.

Zweifellos war es den meisten Gründern mit diesem Programm Ernst. Erst mit dem Eintritt von Angehörigen anderer Geheimorganisationen, von Okkultisten usw. wurde dann dieses Rassenprogramm zwar nach außen aufrechterhalten, doch waren unter den Mitgliedern auch solche, die seinen Anforderungen nicht entsprachen.

Im Ersten Weltkrieg war der Orden zu jeder Arbeit unfähig, da die meisten seiner Mitglieder an der Front standen. Erst 1917 ließ man mit in der Heimat zurückgebliebenen Angehörigen, bzw. solchen, die infolge schwerer Kriegsverletzungen frontuntauglich geworden waren, den Orden wieder aufleben; doch hatte sich der Orden nach echtem Freimaurer-Vorbild in zwei Gruppen getrennt: die eine führten Pohl und Freese unter dem Damen „Walvater", die andere wurde von dem Armanen (Guido von Lists Geheimgesellschaft) Philipp Stauff als Ordenskanzler und von General Eberhard von Brockhusen als Meister vom Stuhl geführt. Die dritte und wichtigste Gruppe — sie bekam den größten politischen Einfluß auf die NSDAP — gründete im Jahr 1918 Rudolf von Sebottendorff als Ordensprovinz Bayern, für die der Deckname Thule-Gesellschaft (der innerste Kreis als Thule-Orden) angenommen wurde.

Rudolf von Sebottendorff ist eine sehr schillernde Persönlichkeit. Er wurde am 9. November 1875 in Hoyerswerda (Ober-Lausitz) als Sohn des Lokomotivführers Rudolf Glauer geboren. Nach Volksschule und Progymnasium besuchte er das Technikum Ilmenau. Nach dem Abschluß fährt er zur See, wobei er als Heizer und Elektriker tätig ist. 1897 bis 1900 ist er in Ägypten als Techniker, 1901 läßt er sich in der Türkei nieder, wo er im Jahr 1911 die Staatsbürgerschaft erhält. Während dieser Zeit wird er von einem Freiherrn von Sebottendorff adoptiert. Im Balkan-Krieg wird er schwer verwundet.

Während seines Aufenthaltes in der Türkei bekommt Sebottendorff enge Kontakte zu verschiedenen Geheimorden, vor allem dem türkischen Derwisch-Orden, in den er auch vermutlich aufgenommen wurde. Ebenso auch zu den türkischen Freimaurern, über die er dann später eine Arbeit veröffentlichen sollte. Ein jüdischer Kaufmann namens Termudi führte ihn bei den dortigen Rosenkreuzern ein und machte ihn angeblich auch zum Meister der Rosenkreuzer.

Von der Türkei reiste Sebottendorff nach Deutschland, wo er den von Friedrich Göbel erfundenen Tank finanzierte; 1915 heiratete er Bertha Iffland, von der er sich allerdings später wieder scheiden ließ; dann findet man ihn in der Schweiz, wo er wieder enge Kontakte zu geheimen Gesellschaften hat. Diese Kontakte führten auch dazu, daß er aus der Schweiz ausgewiesen wurde. Daraufhin kam er nach Deutschland zurück, wo er die schon erwähnte Ordensprovinz Bayern des Germanenordens ins Leben rief. Mit ihm kam auch das okkultistische, mystische Element in den innersten Kreis des Thule-Ordens. Auch trafen nicht mehr alle rassischen Bestimmungen auf alle Angehörigen dieses Kreises zu. Wahrscheinlich ist, daß Sebottendorff sogar bewußt von einem der anderen Geheimbünde in den Germanenorden eingeschleust wurde, um ihn zu unterwandern. Wir werden noch auf die Einzelheiten zurückkommen.

Die Thule-Gesellschaft, ein innerer Kreis, der sich ,,Kampfbund der Thule" nannte, und der innerste Kreis waren weit undurchsichtiger, als es Freimaurerorganisationen je waren. Sebottendorff war ein Meister der Verschleierung. So kann man auch in allen Arbeiten, die bisher über die Thule-Gesellschaften berichteten, die wunderlichsten und gegensätzlichsten Dinge lesen. Wer jedoch wirklich dem engsten Kreis angehörte, kann nicht genau festgestellt werden, denn natürlich gibt es keine Unter-

Reichsmarschall Göring —
auch er ein Mitglied des Thule-Ordens?

lagen darüber, die öffentlich zugänglich waren. Man darf jedoch als ziemlich sicher folgende Persönlichkeiten zu den Männern des Thule-Ordens zählen:

Anton Drexler, später Gründer der NSDAP

Dietrich Eckart, Dichter, später Schriftleiter des „Völkischen Beobachters"

Otto Engelbrecht, Abgeordneter

Dr. Hans Frank, Jurist, später Obmann des NS-Rechtswahrerbundes

Prof. Dr. Gottfried Feder, Wirtschaftswissenschaftler

Hermann Göring

Karl Harrer, Mitbegründer der NSDAP

Prof. Dr. Karl Haushofer, Wissenschaftler, Schöpfer der „Geopolitik". War auch Angehöriger des japanischen Geheimordens „Grüner Drachen" und der „Vril-Loge"

Rudolf Heß, damals Assistent von Haushofer

Heinrich Himmler (der auch dem Bund der Artamanen, nicht zu verwechseln mit den Armanen Lists, angehörte)

Prof. Dr. Theodor Morell, später Leibarzt Hitlers (der nach eigenen Angaben später Hitler Gift gegeben haben soll)

Dr. Alfred Rosenberg, Mitarbeiter von Dietrich Eckart

Prof. Dr. Bernhard Stempfle, ein katholischer Pater (!), später Beichtvater Hitlers

Julius Streicher, später Herausgeber des „Stürmer"

Zweifellos stand dieser Geheimgesellschaft auch der Jude Moses Pinkeles nahe, der unter dem Namen Arthur Trebitsch-Lincoln später zu den maßgebenden Persönlichkeiten des Dritten Reiches gehörte (er war Fachreferent für Judenfragen in der Reichsparteileitung der NSDAP und verschwand im Jahr 1945 spurlos). Sebottendorff dürfte ihn während seines Schweizer Aufenthalts kennengelernt haben. Seltsam ist auch, daß ein wichtiger Mann des türkischen Geheimordens der Bektâschi-Derwische, dem auch Sebottendorf angehörte, im Jahre 1913 Sekretär an der türkischen Botschaft in Bern war: Walter Schwidtal. Er brachte auch die „geheimen Übungen" dieses Ordens mit, das Manuskript ist jedoch verschollen; wahrscheinlich ist es in die Hände von Sebottendorff übergegangen, der es dann zwar veröffentlichte, das Originalmanuskript aber

Hitler in Lederhosen:
Eine Aufnahme aus dem Jahre 1928

vermutlich wieder in die Türkei mitgenommen hat. Verbindungen bestanden auch zur Vril-Loge, über die wir später noch berichten werden, wie auch zur Loge „Golden Dawn" in England, aber auch zu tibetischen Lamas und zur berühmten Geheimloge „Agartha" (vermutlich eine Ableitung des Wortes „Asgard". Diese Loge soll ein geheimes Weltzentrum im Gebiet des Himalaya unterhalten).

Thule-Orden, Kampfbund der Thule und Thule-Gesellschaft betätigten sich in politischem Sinne höchst aktiv. Sie waren maßgeblich an der Gründung des Freikorps Oberland beteiligt. Sie hielten in ihrem innersten Kreis auch Femegerichte ab; es wurde vermutet, daß in den Zwanziger Jahren etwa 400 Fememorde auf das Konto dieses Ordens ging, was jedoch zweifellos übertrieben ist. Es waren auch andere Geheimorden daran beteiligt; da es gewiß darüber keine schriftlichen Aufzeichnungen gibt, wird sich nie Genaueres feststellen lassen.

So ist z. B. die Urheberschaft an der Ermordung des bayrischen Ministerpräsidenten Kurt Eisner am 21.2.1919 von den Thule-Leuten immer bestritten worden. Es waren auch zu jener Zeit zu viele Kreise an einer Beseitigung Eisners interessiert. Eisner, ein Jude aus Galizien namens Kosmanowski, hatte 1918 in Bayern die Revolution organisiert, wobei er sich selbst zum Präsidenten Bayerns machte. Es gab mehrfach Demonstrationen gegen ihn; sie wurden von den Anhängern Eisners mit Waffengewalt unterdrückt. So gab es zu Sylvester 1918 in den Straßen Münchens neun Tote, am 7. Jänner 1919 anläßlich einer Arbeitslosendemonstration vor dem Fürsorgeministerium zwei Tote. Am 1. Jänner hatte er die österreichische Botschaft und das Konsulat in München besetzen lassen. Kurz danach waren Wahlen, und Eisner erhielt nur sehr wenig Stimmen. Jetzt zögerte er die Einberufung des Landtages hinaus, da dies seine Abberufung als Ministerpräsident bedeutet hätte. Am 21. Februar 1919 wurde er von Anton Graf Arco auf Valley erschossen, nachdem die Thule-Leute bereits vorher einmal seine Entführung geplant hatten, die allerdings mißlang. Die Beteiligung am Mord bestritten die Thule-Leute mit der Begründung, Graf Arco sei Halbjude und daher nicht Thule-Mitglied gewesen. Wie wir jedoch bereits gesehen haben, war die antisemitische Haltung eine reine Äußerlichkeit; es ist nicht bewiesen, ob die Thule-Gesellschaft nicht doch ihre Hände im Spiel gehabt hatte.

POLITISCHE QUERVERBINDUNGEN

Sebottendorff hatte dank seiner Verbindungen zu verschiedenen freimaurerischen Kreisen und anderen Geheimverbindungen des Auslandes genügend Erfahrungen in der Kunst der Unterwanderung gesammelt. So gelang es ihm bereits in den ersten Tagen der Revolution in Bayern Leute des Thule in alle linken Gruppen und Organisationen einzuschleusen. Auf diese Weise war er stets über deren Pläne unterrichtet.

Die Thule-Gesellschaft war — obwohl niemand wußte, daß es sich um eine Tarnorganisation des Germanen-Ordens handelte — den an der Macht befindlichen bolschewistischen Kräften verdächtig. Deshalb beschlossen sie, eine Hausdurchsuchung durchzuführen. Doch bereits Tage vorher verständige der damalige Polizeipräsident von München, Pallabene, seinen Kriegskameraden, Wilhelm Freiherrn von Wittgenberg, vom Termin der Untersuchung. Wittgenberg, Mitglied des Thule, setzte sofort Sebottendorff davon in Kenntnis. Dieser ließ sich daraufhin erst von seinem Mittelsmann in der Republikanischen Schutztruppe, Ritzler, bestätigen, daß diese Angaben des Polizeipräsidenten stimmten, dann traf er seine Gegenmaßnahmen. Er veranlaßte Frau Riemann-Bucherer, die eine Damen-Gesangsgruppe der Thule-Gesellschaft leitete, zur angesetzten Zeit eine Gesangsprobe abzuhalten.

Als dann der Polizeipräsident mit seinen Mannen eintraf, wurde er von dem freundlichen Lied empfangen: „Beglückt darf nun dich, o Heimat, ich schauen." Worauf der Präsident etwas irritiert fragte: „Was ist das für ein Verein?"

Sebottendorff antwortete spöttisch: „Ein Verein zur Höherzüchtung der germanischen Rasse."

„Was?" fragte ungläubig der Polizeipräsident.

„Ein Verein zur Höherzüchtung der germanischen Rasse", erklärte ihm Sebottendorff nochmals. Und auf die Frage, was dieser Verein eigentlich treibe, zeigte Sebottendorff friedlich auf die singenden Damen: „Sie sehen, wir singen, Herr Polizeipräsident."

Erst jetzt dämmerte dem Polizeimann, daß er anscheinend zum Narren gehalten wurde. Er drohte: „Sie machen sich über mich lustig, ich lasse Sie und ihren ganzen Anhang verhaften! Ich bin gekommen, eine Hausdurchsuchung vorzunehmen."

Doch Sebottendorff war nicht einzuschüchtern, er kannte die Macht seines heimlichen Ordens: „Bitte, Herr Polizeipräsident", erwiderte er freundlich, „ich kann Sie nicht daran hindern. Aber lassen Sie sich zuvor erklären: Meine Macht reicht etwas weiter, als Sie denken. Ich bin schon mehr als ein halbes Jahr Führer dieser Thule-Gesellschaft und gedenke, es noch eine Weile zu bleiben. Sie, Herr Polizeipräsident, sind seit zwei Tagen im Amt, werden es vielleicht noch einige Tage bleiben, dann werden Sie von Ihren eigenen Leuten abgeschossen, weil ein anderer an die Futterkrippe will.

Wenn Sie mich hier festnehmen, verkürzen Sie nur ihre ohnedies kurze Amtszeit. Denn dann werden meine Leute den nächsten Juden, den sie auf der Straße erwischen, ergreifen und brüllen: ‚Der da hat eine Hostie gestohlen!' Was dann im katholischen Bayern geschieht, können Sie sich ausrechnen. Sie haben den schönsten Pogrom und dieser wird auch Sie hinwegfegen."

„Das ist ja Wahnsinn, was Sie da planen", erbleichte der Polizeipräsident.

„Gewiß", lächelte Sebottendorff, „aber mein Wahnsinn hat Methode."

Daraufhin fand keine Haussuchung statt. Der Polizeipräsident verabschiedete sich: „Wenn etwas gegen Sie vorliegen sollte, Herr von Sebottendorff, werde ich Sie benachrichtigen." Er wußte nicht, daß unter seinen Beamten, die ihn zum Zwecke der Haussuchung begleitet hatten, auch zwei Angehörige der Thule waren.

Kurz danach gab es erneut Schwierigkeiten. Eine Rotte von Kommunisten und Sozialdemokraten drang in die Räume der Thule-Gesellschaft ein, weil sie nach einem Thule-Mann suchten. Doch „zufällig" waren einige Angehörige der Thule, die in kommunistischen Sektionen mitarbeiteten, anwesend, da sie Bericht erstatten sollten. Diese traten mit ihren roten Armbinden in Aktion und drängten den Mob wieder aus dem Haus. Seit diesem Vorfall allerdings ließ Sebottendorff jeweils zwei Mitglieder des Kampfbundes der Thule als Kommunisten beim Eingang Wache stehen.

Infolge seines hervorragend funktionierenden Nachrichtendienstes, da er fast in allen kleinen Gruppen und Sektionen seine Thule-Leute besaß, hatte Sebottendorff eine große Sicherheit, die es im erlaubt, seinen Spaß mit den Anhängern der Räteregierung zu treiben.

Wieder einmal rückte eine Schar der Republikanischen Schutzwehr aus, den Baron zu verhaften. Und wieder war Sebottendorff rechtzeitig davon unterrichtet worden, so daß er mit seinen Feinden Schabernack treiben konnte. Als die Linken eintrafen, war auch eine Gruppe der Sektion Schwabing dabei, die aus Angehörigen des Kampfbundes bestand; dieser schloß sich der Baron an, um gemeinsam mit den Roten nach sich selbst zu suchen. Alle Räume, einschließlich einiger Nachbarräume wurden durchsucht. Sie kamen auch in das Zimmer der Baronin Mikusch, deren Sohn während des Krieges Bahnhofskommandant in der Türkei war. Nun lebte er in der Tschechoslowakei.

Als nun die Eindringlinge das Bild des jungen Baron Mikusch in der türkischen Uniform sahen, glaubten sie, es sei das Bild Sebottendorffs, von dem sie wußten, daß er türkischer Staatsbürger ist. Sie beschlagnahmten das Bild, um es vervielfältigen zu lassen und jedem Angehörigen der Schutzwehr mitzugeben, damit man Sebottendorff erkennen und sofort verhaften könne.

Sebottendorff konnte sich solche Späße mit seinen Feinden leisten. Er war ihnen aufgrund seiner Erfahrungen mit geheimen Gesellschaften haushoch überlegen. Wie er ja selbst zugab: Ein straff geführter Geheimbund kann jede noch so revolutionäre demokratische Ordnung leicht auspunkten. Je revolutionärer sie ist, um so leichter. Denn auch die auf der Gegenseite operierenden Freimaurer hielten sich im Hintergrund und schickten Rabauken ins Feuer. Rabauken aber haben meistens in den Fäusten, was ihnen im Kopf fehlt.

DER MÜNCHNER GEISELMORD

Wie schon festgestellt, galt der schärfste Kampf, der Thule der Münchner Räteregierung. Der aus Galizien stammende Kurt Eisner hatte 1918 in Bayern den Munitionsarbeiterstreik organisiert, der zum Zusammenbruch der deutschen Armee und damit zur Revolution führte. Eisner selbst machte sich zum Ministerpräsidenten Bayerns.

Doch die Männer um ihn wollten nicht die Republik, sondern eine Rätediktatur nach dem Muster der Sowjetunion. Bei den Wahlen in Bayern allerdings erhielten die radikalen Elemente eine scharfe Abfuhr der Bevölkerung. Die Gruppe Eisners konnte nur drei Abgeordnete in das bayrische Parlament entsenden. Aus diesem Grund zögerte dieser die Eröffnung des Landtages immer weiter hinaus. Er kündigte sie dann zwar für den 21. Februar 1919 an, doch hielt er am 16. Februar auf der Theresienwiese in München eine Versammlung ab, an der etwa 10 000 Personen teilnahmen und bei der er den Rätegedanken nach sowjetischem Muster propagierte.

Die Thule beschloß sofort Gegenmaßnahmen. Da in Bayern durch die Regierung Eisner die Bildung von Soldatenverbänden verboten worden war, errichtete die Thule in Ohrdruf in Thüringen ein Lager, in dem sie unter Führung des Generals von Epp das Freikorps Oberland ins Leben rief, dem ein nicht unbeträchtlicher Teil der Leute des Kampfbunds der Thule angehörten.

Da am 21. Februar der Landtag eröffnet werden sollte, übersiedelten die bereits im Landtagsgebäude tagenden Räte unter Führung des in Moskau geborenen Juden Max Levien ins Deutsche Theater.

Am 21. Februar, auf dem Wege zur Eröffnung des neuen Landtags, wurde Kurt Eisner an der Ecke der Promenadenstraße von Graf Anton Arco auf Valley erschossen. Wer hinter diesem Attentat stand, wurde nie geklärt. Die Thule erklärte, Graf Arco, dessen Mutter Jüdin aus dem Hause Oppenheim war, sei aus Gründen seiner Abstammung nicht aufgenommen worden, und wollte durch diese Tag beweisen, daß auch ein Halbjude eine deutsche Tat ausführen konnte. Wer jedoch die Methoden derartiger geheimer Verbindungen kennt, kann durchaus auch zur Vermutung gelangen, daß die Thule hinter dem Attentat stand. Nicht nur, weil wir in anderen Fällen sehen, daß man durchaus nicht so antisemitisch war, wie man sich nach außen gab — vor allem der innerste Kreis war es nicht —, sondern auch, weil es der Thule gut in ihre Pläne passen mußte, eine solche Tat einen Mann ausführen zu lassen, dem man aufgrund seiner rassischen Herkunft keine Verbindung zu diesem Geheimbund nachsagen würde.

Am Tode Eisners waren aber auch noch andere Kräfte interessiert. Am Tage zuvor hatte es einen Zusammenstoß zwischen ihm und Levien gegeben, welch letzterer zudem darauf brannte, durch irgendeinen Knalleffekt die Möglichkeit zur Errichtung seiner Rätediktatur zu bekommen und die Demokratie ausschalten zu können. Auch für Levien und seine Hintermänner wäre Graf Arco der ideale Attentäter gewesen, da er als Adeliger zugleich auch Angehöriger einer verhaßten Kaste war. Die Arbeiter ließen sich dadurch leichter aufputschen.

Eisner war jedoch nicht der einzige Tote an diesem Tag. Nachdem der Sozialdemokrat Auer anstelle Eisners den Landtag eröffnet und einen warmen Nachruf für das Attentatsopfer gehalten hatte, trat plötzlich der kommunistische Metzger Lindner ein und feuerte mehrere Schüsse auf Auer, die diesen schwer verletzten. Nun wurde auch von der Tribüne, auf der die Arbeiter- und Soldatenräte saßen, auf die Landtagsabgeordneten gefeuert, wobei der Abgeordnete Osel von der Bayerischen Volkspartei und ein als Besucher anwesender Major von Jahreiß getötet wurden. Die übrigen Abgeordneten stoben in wilder Flucht davon.

Das war das Zeichen zur Ausrufung der zweiten Revolution. Die Arbeiter- und Soldatenräte traten die Herrschaft an, die rechtmäßige Regierung floh nach Bamberg. Der in München jetzt die Macht ausübende ,,Revolutionäre Zentralrat'' ließ sofort ein Plakat anschlagen, das bereits vorbereitet war:

Bekanntmachung.

Der Befreier des Proletariats, der Ministerpräsident des Volksstaates Bayern, Kurt Eisner, wurde heute vormittag, 10 Uhr, von einem Vertreter der Bourgeoisie, Graf Arco-Zinneberg, meuchlings ermordet.

Der geistige Urheber dieses Mordes ist die verleumderische Hetze der Presse.

Das Proletariat hat die Pflicht, angesichts dieses Verbrechens die Revolution durch die Übernahme der Presse zu sichern. Die Arbeiterschaft wird aufgefordert, sofort in den Streik einzutreten und sich um 4 Uhr auf der Theresienwiese zu versammeln.

Es lebe das Andenken Kurt Eisners!

Es lebe die zweite Revolution!

Es lebe die Räterepublik!

Gerade dieses bereits vorbereitete Plakat erhärtet die Annahme, daß der Mord an Eisner von seinen eigenen — radikaleren — Gesinnungsgenossen geplant worden war. Denn nun war die Arbeiterschaft ergrimmt, man konnte sie leicht für die Zwecke der Errichtung der Rätediktatur benützen. Die Zeitungsverlage wurden gestürmt, die Einrichtungen zerstört. An dem Platz, an dem Eisner erschossen worden war, wurde ein Eisner-Bild aufgestellt, an dem — nach dem großen Vorbild Gesslers — jeder Vorübergehende zu grüßen hatte. Die Thule allerdings erlaubte sich da einen Streich: Sie wendete einen alten Jägertrick an, indem sie bei dem Bild eine Tüte Mehl verschüttete, das den Schweiß von läufigen Hündinnen enthielt; bereits nach kurzer Zeit waren bei dem Bild zahlreiche Hunde versammelt, die alle ihre Visitenkarte dort hinterließen, so daß man das Bild eiligst entfernen mußte.

Die Leute der neuen Räteregierung ließen sofort auch Geiseln ausheben, wobei sie Wert legten, Leute aus dem Bürgertum, der Aristokratie und vor allem auch der Thule-Gesellschaft in ihre Hand zu bekommen. Dank der guten Verbindungen Sebottendorffs aber gelang es, die meisten Angehörigen der Thule zu warnen, viele von ihnen erhielten sogar die offizielle Genehmigung, München zu verlassen. So gut funktionierte die in die Kommunisten eingeschleuste Mitarbeiterschaft Sebottendorffs.

Auch die Sekretärin der Thule-Gesellschaft, Gräfin Heila von Westarp, war zum Verlassen von München aufgefordert worden, doch die Gräfin,

An dieser Stelle wurden die Geiseln erschossen.

die sich auf diese Art ihren Lebensunterhalt verdiente — sie hatte vorher bereits eine Anstellung verloren, als man entdeckte, daß sie eine Gräfin war, weshalb sie den Thule-Leuten besonders dankbar war — lehnte ab. Sie verließ sich darauf, daß sie nie politisch hervorgetreten war und daß man doch einer Frau nichts tun würde.

Gräfin Westarp wurde festgenommen, wie auch sechs weitere Angehörige der Thule, allerdings keine Leute vom engeren Kreis: Anton Daumenschlag, ein Eisenbahn-Obersekretär, Walter Deike, Kunstgewerbezeichner, der Bildhauer Walter Nauhaus, der Maler Friedrich Wilhelm Freiherr von Seidlitz, Oberleutnant Franz Karl Freiherr von Teuchert und Prinz Gustav Franz Maria von Thurn und Taxis. Daneben wurden auch noch zahlreiche andere Münchner festgenommen, darunter der jüdische Professor Ernst Berger. Nach welchen Gesichtspunkten die Festnahmen erfolgten, war nicht ersichtlich.

Über Drängen des Thule-Kreises wurde die Bamberger Exil-Regierung zum Handeln veranlaßt. Die Freikorps wurden auf München in Marsch gesetzt. Die Räteregierung fürchtete, daß die Arbeitermassen den anmarschierenden Soldaten kaum Widerstand entgegensetzen würden, denn gerade unter den Funktionären des revolutionären Bayern waren ja zahlreiche Fahnenflüchtige und sonstige Leute, die sich schon bisher vor jeder Wehrdienstleistung gedrückt hatten. So mußte eine Tat gesetzt werden, die das Vorgehen der Regierungstreuen eskalieren ließ und solcherart die Arbeiterschaft zum Widerstand zwang. Man mußte einige der Geiseln erschießen lassen.

Die Geiseln waren im Luitpold-Gymnasium untergebracht, wo sie von den Angehörigen der Roten Armee mißhandelt wurden, Gräfin Westarp wurde zum Stubenreinigen herangezogen, möglicherweise wurde sie von Levien auch vergewaltigt. Egelhofer, der Kommandant der Roten Armee in Bayern gab nun den Befehl, 22 Geiseln zu erschießen, da sich die Freikorps bedrohlich der Stadt München näherten. Der stellvertretende Kommandant des Luitpold-Gymnasiums Haußmann, ließ nun die Thule-Leute, sowie zwei Soldaten, die man aufgegriffen hatte, zur Erschießung vorführen. Prof. Berger, der ursprünglich nicht erschossen werden sollte, war der Meinung, daß sie zum Verhör geführt würden, und drängte sich dazu, so wurde er als zehntes Opfer ebenfalls erschossen.

Der Mord an den Geiseln wurde zu einer regelrechten Volksbelustigung. Jeder, der wollte, durfte auf die Geiseln schießen, angefeuert von den im Gymnasium anwesenden Prostituierten, Kellnerinnen und anderen Frauen, überboten sich die Rotarmisten in „Heldentaten". Wie von ihren Führern richtig erwartet, rief die Nachricht über diese Mordtat eine heftige Reaktion nicht nur unter der Bevölkerung, sondern auch bei den Freikorps hervor, vielfach wurden gefangene Rotarmisten sofort an die Wand gestellt. Während nun die Rote Armee den Widerstand organisierte, flohen die Führer der Rätediktatur bereits. Axelrod, der als Vertreter der Sowjetregierung dem Rat angehörte, war der erste, dann flohen auch Levien und sein Schwager Leviné-Niessen. Der Widerstand der Roten Armee war bald gebrochen und, umjubelt von der Bevölkerung, marschierten die Freikorps in München ein.

Sofort begann eine fieberhafte Tätigkeit der Thule; die führenden Männer der vergangenen Diktatur durften nicht straflos davonkommen. Leutnant Edgar Kraus, Mitglied des Kampfbunds der Thule, leitete den Nachrichtendienst des Freikorps Oberland, ihm wurde die Aufgabe übertragen, die Leute zu verhaften. Vor allem machte man für die Verbrechen und den Geiselmord die drei russischen Juden Axelrod, Levien und Leviné-Niessen verantwortlich. Axelrod wurde am 16. Mai im Achental ausgeforscht und verhaftet, er wurde zu 15 Jahren Zuchthaus verurteilt, doch bereits am 20. September von der sozialdemokratischen Regierung in einem Erster-Klasse-Wagen nach Rußland überstellt. Levin konnte über die Grenze nach Österreich entkommen, wurde zwar in Wien verhaftet, aber von der ebenfalls sozialdemokratischen Regierung nicht ausgeliefert. Er ging nach Rußland, wo er eine politische Funktion übernahm. Sein Schwager, Leviné-Niessen, der sich in München verborgen hielt, wurde von dem Nachrichtendienst Kraus ausgeforscht. Ein Standgericht verurteilte ihn zum Tod, das Urteil wurde vollstreckt.

Auch die anderen, am Geiselmord unmittelbar beteiligten Männer wurden ausgeforscht und wegen Mordes vor ein Münchner Gericht gestellt. Sieben von ihnen wurden zum Tod verurteilt und genau an dem gleichen Tag, an dem die Regierung einen der Urheber, Axelrod, an die Sowjetunion auslieferte, am 20. September 1919, hingerichtet. Auch hier waren es wieder die Handlanger, die Ausführenden, die die volle Härte des Gesetzes zu spüren bekamen, während die Rädelsführer davonkamen.

Um einen Einblick zu geben, welche Leute damals in München den Ton angaben, sollen hier jene Männer charakterisiert werden, die an der Erschießung der Geiseln beteiligt waren und deshalb verurteilt wurden:

Hauptangeklagter war der 25jährige Kaufmann Fritz Seidel. Er war der Kommandant des Luitpold-Gymnasiums. Im Krieg war er nicht gewesen, während des Krieges hatte er Lohnzettel gefälscht und Geld unterschlagen. Auch als Kommandant des Luitpold-Gymnasiums hatte er, wie ihm vom Gericht nachgewiesen wurde, vier silberne Rasierapparate gestohlen. Darüber hinaus hatte er, um Geldmittel zu einer Flucht zu haben, eine Löhnung von 80000 Mark für die Rotarmisten angefordert, während er nur 20000 Mark benötigte. Er wurde zum Tod verurteilt und hingerichtet.

Der 40jährige Johann Schicklhofer, vorbestraft wegen Tierquälerei, wurde ebenfalls zum Tod verurteilt. Er war als Nervenleidender vom Kriegsdienst befreit worden, überdies war er Alkoholiker. Der ihn untersuchende Arzt stellte fest, daß er ein medizinisches Phänomen sei, da er zugleich mehrere Geschlechtskrankheiten habe.

Weiters wurden zum Tode verurteilt:

Der 21jährige Installateur Josef Wild.

Der 21jährige Bäckergehilfe Georg Pürzer; er war wegen Schwachsinns aus dem Militär entlassen worden.

Der 29jährige Kutscher Johann Fehmer war wegen zahlreicher Delikte, darunter Zuhälterei mehrfach vorbestraft.

Der 23jährige Hilfsarbeiter Josef Seidl war wegen Landstreicherei, Fahnenflucht, Unterschlagung und anderem mehrfach vorbestraft.

Diese Leute wurden hingerichtet, weil ihnen nachgewiesen werden konnte, daß sie geschossen hatten.

Wegen Beihilfe zum Mord wurden zu einer Zuchthausstrafe von 15 Jahren verurteilt:

Der 34jährige Tischler Johannes Rick, der auch wegen eines Nervenleidens vom Militär entlassen worden war.

Der 24jährige Kaufmann Karl Gsell.

Der 24jährige Artist Bernhard Hesselmann, der wegen Hochstapelei und Diebstahl vorbestraft war, hatte die Wertsachen der Ermordeten gestohlen.

Der 43jährige Maschinenschlosser Georg Lermer.

Der 25jährige Schlosser Johann Hannes.

Der 23jährige Schirmflicker Georg Huber, der unter anderem wegen Landstreicherei vorbestraft war; wegen krankhafter seelischer Veranlagung hatte er nicht zum Militär müssen.

Der 19jährige Schlosser Johann Riethmeyer.

Im zweiten Geiselmordprozeß wurde noch der 27jährige Hilfsarbeiter Alois Kammerstätter zum Tod verurteilt. Er war wegen Fahnenflucht vorbestraft. 15 Jahre Zuchthaus erhielten der 18jährige Kellner Luitpold Debus, der 23jährige Student und russische Kriegsgefangene Andreas Strelenko, der ebenfalls wegen Fahnenflucht vorbestrafte 21jährige Taglöhner Rudolf Greiner. Allen Verurteilten wurden die bürgerlichen Ehrenrechte aberkannt.

Der stellvertretende Kommandant des Luitpold-Gymnasiums Haußmann, der den eigentlichen Befehl zum Erschießen gegeben hatte, erschoß sich, als er verhaftet werden sollte.

Egelhofer, der Kommandant der Roten Armee in Bayern, hatte die Erschießung von 22 Geiseln befohlen. Er war erst 21 Jahre alt. 1917 war er wegen Beteiligung an einer Meuterei zum Tod verurteilt worden, es war ihm jedoch die Flucht gelungen. Diesmal wurde er, als er zu flüchten versuchte, erschossen.

Daß solche Elemente in der Roten Armee den Ton angaben, darf niemand wundern, waren ja damals auch unter den führenden Männern der Rätediktatur kaum Männer mit weißer Weste zu finden: der in Moskau geborene Max Levien, nahm 1905 an der Revolte in Rußland teil, floh vor der Verhaftung, erhielt die deutsche Staatsbürgerschaft, kam zum Infanterieleibregiment, wo er jedoch bald entlassen wurde, da er an Syphilis litt. Er gründete in München den kommunistischen Spartakus-Bund und war Herausgeber der Zeitung ,,Rote Fahne". Dr. Leviné, der sich auch nach seiner Frau Niessen nannte, war sein Schwager und war von ihm nach München geholt worden.

Engster Freund und Mitarbeiter der beiden war der in Galizien geborene Karl Sobelsohn, der sich nun Karl Radek nannte. Er wurde ursprünglich aus der polnischen sozialdemokratischen Partei wegen verschiedener Diebstähle ausgeschlossen. Er ging nach Deutschland und nannte sich zynischerweise K. Radek („kradek" = Dieb, poln.). Allerdings wurde er 1912 auf dem Chemnitzer Parteitag auch aus der deutschen sozialdemokratischen Partei ausgeschlossen, weil er sich neuerdings unreele Handlungen zuschulden kommen hatte lassen. Nach der russischen Revolution wurde er Leiter des Nachrichtendienstes der Regierung. 1918 ging er nach Deutschland, um auch hier die kommunistische Revolution zu verwirklichen.

DIE GRÜNDUNG DER NSDAP

Nun konnten die Thule-Leute daran gehen, ihre politischen Ziele zu verwirklichen. Diese konnten sie jedoch kaum mit dem erweiterten Kreis der Thule-Gesellschaft, die sich hauptsächlich in Vorträgen und Feiern erschöpfte und kaum Arbeiter zu ihren Mitgliedern zählte, in die Tat umsetzen, dazu bedurfte es einer Partei. Eine diesbezügliche Besprechung fand auf der Jultagung des Germanenordens bereits Weihnachten 1918 in Berlin statt. Von dort brachte auch Sebottendorf das Programm der Deutsch-sozialistischen Partei mit, das in etwa auch in den Zielen des Germanenordens entsprach; es wurde ein Aufruf in den Ordensnachrichten, Nr. 15, Julmond 1918, veröffentlicht und zur Verbreitung durch die Logen freigegeben:

An das Deutsche Volk!

Weltkrieg, Umsturz und Aufruhr liegen hinter uns! Durch Elend, Blut und Erniedrigung sind wir gewatet und dennoch ist alles beim Alten geblieben, ja, schlimmer als je zuvor droht es zu werden. Nur Regierungsform und führende Männer haben gewechselt, aber Kapitalismus und Judentum werden unter der Demokratie ihr Haupt höher als je erheben. Nach wie vor wirst Du, Deutsches Volk, ausgesogen, bewuchert und zu Mühen und Sorgen verdammt sein. Wie kommt das und soll das ewig so bleiben? Der Grund des Mißerfolgs liegt darin, daß der Kampf gegen jene beiden Mächte bisher getrennt geführt wurde. Beide sind aufs engste verkuppelt.

Die Sozialdemokratie kämpft nur einen Scheinkampf gegen den Kapitalismus, denn ihre Führer sind Juden und Kapitalisten!

Die Judenkenner aber kämpfen vergeblich gegen das Judentum, weil sie auf dem Boden der kapitalistischen Staatsordnung stehen, so mußten beide Fronten zusammenbrechen.

Hier Wandel und endlich dem deutschen Volk die wirkliche Freiheit zu

Schwarz, Hitler, Rosenberg, Heinemann,
Feder, Heß, Albrecht (v. l. n. r.) beim
Marsch durch Weimar

schaffen, ist eine D e u t s c h - s o z i a l i s t i s c h e   P a r t e i   zu bilden.

Deutschvölkisch und sozialistisch.

Lassalle, der Gründer der deutschen Sozialdemokratie, mußte als Jude seine Rassegenossen kennen, wenn er sagte: „Eine Volksbewegung hat sich reinzuhalten von Kapitalisten und Juden, wo diese als Leiter und Führer auftreten, da verfolgen sie auch eigene Zwecke."

In dieser Art geht es noch eine Weile weiter; dann wird ein Zwölf-Punkte-Programm veröffentlicht, wobei jeder einzelne Punkt ausführlich erklärt wird. Wir geben nachstehend die einzelnen Punkte wieder, lassen jedoch die Erklärungen weg:

Dementsprechend fordern wir:

1. Freien Grund und Boden.

2. Ablösung des bisherigen römischen Rechtes durch ein Deutsches Gemeinrecht.

3. Verstaatlichung des Geldwesens.

4. Allmähliche Umgestaltung unserer Wirtschaft derart, daß sie zu einer wirklichen Volkswirtschaft wird.

5. Beschneidung unseres Großgrundbesitzes zugunsten der Siedlung.

6. Eine gerechte Steuerverteilung.

7. Gestaltung unseres Handels nach dem natürlichen Gesichtspunkte, daß die Ware den billigsten und kürzesten Weg vom Erzeuger zum Verbraucher nimmt.

8. Bei einschneidenden grundlegenden Gesetzen und Verfassungsänderungen hat das Parlament nur eine beratende, das Volk durch Abstimmung über Ja und Nein die entscheidende Stimme.

9. Schaffung eines Reichswirtschaftsrates, der nach weiteren Gesichtspunkten unserer gesamten Wirtschaft Maß und Ziel steckt.

10. Schaffung einer wirklich unabhängigen Deutschen Presse.

11. Grundlegende Änderung in der Stellung der Deutschen zum Juden.

12. Schutz dem Deutschen Arbeiter gegen ausländische Arbeitskräfte.

Ob dieses Programm nur ein vorgegebenes war, um die Arbeiterschaft anzulocken, ist nicht bekannt. Tatsache aber ist, daß aus diesem Aufruf keinerlei antidemokratische Einstellung hervorgeht, daß mit keinem Wort ein Plan nach Errichtung einer Diktatur erwähnt wird.

Wie alle Geheimbünde verstand auch die Thule hervorragend die Kunst der Tarnung. Der Journalist Karl Harrer, Mitglied der Thule, wurde als Organisator der neuen politischen Organisation ausersehen. In einer Besprechung allerdings sprach sich Harrer gegen die Gründung einer neuen Partei aus, um nicht sofort die öffentliche Aufmerksamkeit auf sich zu richten, ehe noch ein festes Fundament vorhanden war. So fuhr man zweigleisig. Harrer gründete einen politischen Arbeiter-Zirkel, zu dem er den Metalldreher Anton Drexler heranzog, der ebenfalls einen kleinen Arbeiterkreis um sich geschart hatte; er kannte Drexler, weil dieser bereits mehrmals als Gast an Veranstaltungen der Thule-Gesellschaft teilgenommen hatte, ohne jedoch Mitglied auch nur des äußeren Kreises zu sein.

Gleichzeitig aber ließ man auch jene Seite innerhalb der Thule zum Zug kommen, die sich für die Gründung einer Partei ausgesprochen hatte. Georg Grassinger, Mitglied des Kampfbundes der Thule, also nicht des engsten Kreises, des Germanenordens, wie Harrer, wurde mit der Gründung der Deutsch-sozialistischen Partei betraut.

Schon einige Zeit vorher hatte die Thule eine Zeitung, den „Münchner Beobachter", der ursprünglich Zeitung der Fleischerinnung gewesen war, erworben und als Sportzeitung mit stark deutschvölkischen Tendenzen herausgegeben. Nun wurde der „Münchner Beobachter" das Organ der Deutsch-sozialistischen Partei; in Nummer 18 vom 31. Mai 1919 wurde deren Programm veröffentlicht. Grassinger nahm im Auftrag der Thule und über Vermittlung des mit der Thule in Verbindung stehenden Großmeisters des (geheimen) Neutempler-Ordens, Jörg Lanz von Liebenfels, sofort Kontakt mit der in Österreich bestehenden Nationalsozialistischen Arbeiter-Partei auf.

Am 9. August 1919 erschien der „Münchner Beobachter" erstmals mit einer eigenen Ausgabe für das Reich unter dem Titel „Völkischer Beobachter". Beide Ausgaben zusammen hatten eine Auflage von 10 000 Exemplaren, doch stieg die Auflage ungemein rasch an, die Thule-Leute verstanden es, die Leute anzusprechen. Die Nr. 50 vom 4. Oktober 1919 hatte bereits eine Auflage von 17 800 Exemplaren.

Dennoch waren beide von der Thule gegründete Gruppen mehr intellektuelle Zirkel, als daß sie einen größeren Einfluß in der Arbeiterschaft gewonnen hätten. Man brauchte einen Mann, der als Persönlichkeit und als Redner die Herzen der Arbeiter erreichen konnte. Einen solchen Mann fanden die Thule-Leute bald in einem Gast ihrer Veranstaltung, einem arbeitslosen Künstler namens Adolf Hitler. Diesen Mann schickte man in den Arbeiter-Zirkel Harrers, der sich mittlerweile ebenfalls in Deutsche-Arbeiter-Partei umbenannt hatte. Welche Pläne der Kreis der Eingeweihten im Germanenorden mit Hitler hatte, wird wohl nie mehr ans Licht der Öffentlichkeit gelangen, da es zum Wesen derartiger Gemeinschaften gehört, nichts über die geheimsten Pläne verlauten zu lassen.

Tatsache aber ist, daß der engste Kreis der Thule, als es allmählich offensichtlich wurde, daß Hitler der geeignete Mann für die neue Partei war, sehr viel Sorgfalt auf den Aufbau eines „Führers" legte.

Hitler wurde zu einem Visagisten geschickt, der sein Äußeres optisch vorteilhafter gestalten sollte. Von diesem dürfte die berühmte, ins Gesicht fallende Locke stammen, da man diese auf den früheren Bildern nicht bemerken kann. Außerdem stellten die Thule-Leute bald fest, daß Hitler zwar die besten Anlagen zum Redner besaß, daß er seine Fähigkeiten jedoch nicht zur Geltung bringen konnte. Hitler schrie zu viel, fuchtelte mit den Händen in der Luft herum, konnte nicht ruhig an einem Platz stehenbleiben, er verausgabe sich bei seinen Reden völlig und wurde zeitweise heiser. Außerdem sprach er sehr guttural, er hatte das, was im Volksmund gemeinhin „Knödel" genannt wird. So wurde er in eine Ausbildung geschickt. Der Opernsänger Paul Devrient übernahm es gegen ein Monatshonorar von 1000 Mark, dem angehenden Führer die Grundkenntnisse guter Rhetorik beizubringen, was, wie man später sah, durchaus von Erfolg gekrönt war.

Außerdem wurde Hitler allmählich in den Kreis der Eingeweihten aufgenommen. Man machte ihn mit den Grundkenntnissen der Magie vertraut; daraus resultiert später die ungeheuere, von vielen Menschen betonte magische Anziehungskraft Hitlers, der sich kaum jemand entziehen konnte. Er lernte die Grundzüge der Suggestion und andere Praktiken, die ihm bei seiner politischen Arbeit zunutzekommen mußte. Welch guter Schüler er war und wie bedeutend seine Macht war, zeigt schon die Tatsache, daß er inmitten aller Saalschlachten, in die später seine Partei verwickelt war, immer aufrecht am Rednerpult stehenbleibt und weder von einem Wurfgeschoß, noch bei Schießereien von einer Kugel getroffen wurde. Einzig sein Blick war es, der die Angreifer bannte. Das hatten jedoch auch Leute außerhalb des Thule-Kreises, auch anderer bzw. feindlicher Mächte, erkannt.

Rauschning schreibt in seinen „Gesprächen mit Hitler" öfters über die magischen Kräfte Hitlers: „Er wurde mehr und mehr zum Besessenen, der Raub von Mächten, die sich seiner bemächtigten und ihn nicht mehr losließen" (Seite 202). Und an der gleichen Stelle erzählt Rauschning, wie eine Frau aus Hitlers Umgebung diesen einmal warnte: „Mein Führer, wählen Sie nicht die schwarze Magie. Heute stehen Ihnen beide noch offen, die weiße wie die schwarze. Aber wenn Sie sich einmal für die schwarze Magie entschieden haben, wird sie nie mehr aus Ihrem Schicksal verschwinden." Aber es war wohl kaum noch zu unterscheiden, wo die schwarze Magie und wo die weiße war.

Denn längst hatten sich in den Bereich der weißen Magie die Kräfte der schwarzen Magie eingeschlichen, und es war wohl nur mehr den engsten Eingeweihten, den Erleuchteten möglich, hier zu unterscheiden. Zu den Erleuchteten wird Hitler jedoch kaum gehört haben, denn diese treten kaum jemals selbst hervor. So kämpfen nach Meinungen der Okkultisten seit jeher um die Weltherrschaft zwei geheime Kräfte gegeneinander, die von Agartha (Asgard) ausgehende weiße Magie der Ur-Arier und die vom Orient kommende schwarze Magie. Eine dritte Kraft stellt noch Innerasien dar, mit dieser gab es auch zahlreiche Verbindungen, doch wußte man nicht, wie diese Macht tatsächlich steht.

Als die deutsche Arbeiterpartei, die sich bald nationalsozialistische deutsche Arbeiterpartei nennt, stärkeren Zulauf erhält, schließt der Thule-Bruder Julius Streicher auch die Deutsch-sozialistische Partei der NSDAP an.

Daß sich die Thule-Brüder auch weiterhin um die Partei kümmern, ist selbstverständlich, denn sie kennen die geheimen Möglichkeiten, wie man Volksmassen manipuliert, bzw. gewinnt. War schon früh der Gruß der Thule-Leute, „Sieg und Heil" von der NSDAP als „Sieg Heil" übernommen worden, so fehlte noch eine wirkungsvolle Fahne. Diese ergab sich durch reinen Zufall.

Zwei Tage nach dem Begräbnis der von den Kommunisten ermordeten

Gräfin Westarp fand in der Thule eine Trauerloge statt. Dabei war das Rednerpult mit einer erbeuteten Kommunistenfahne bedeckt, Zeichen des Sieges über den Kommunismus. Hammer und Sichel waren durch einen weißen Fleck bedeckt und auf diesen weißen Fleck hatte eine Thule-Schwester das Hakenkreuz, das Zeichen der Thule, gestickt. Aus diesem Schmuck für die Trauerloge war die Hakenkreuzfahne entstanden.

Nun war aber auch der äußere Kreis der Thule überflüssig geworden, denn die äußere Politik wurde nun von der Partei übernommen, die ohnedies völlig in der Hand des inneren, esoterischen Thule-Ordens bzw. Germanenordens war. Damit war aber auch der „Münchner Beobachter" und seine Reichsausgabe, der „Völkische Beobachter", für die Thule überflüssig geworden. Diese beiden Zeitungen, die schon bisher als Sprachrohr für Harrers Arbeiter-Zirkel und die Deutsch-sozialistische Partei Grassingers dienten, mußten nun von der neuen Partei übernommen werden; der Verkauf an diese Partei wurde in die Wege geleitet.

Die Partei hatte jedoch damals kein Geld, dennoch bezahlte sie 100 000 Mark für die Zeitung, 30 000 Mark stammten von dem Juden Moses Pinkeles, der zum engsten Kreis Hitlers gehörte und auch Beziehungen zur Thule hatte. Als Arthur Trebitsch-Lincoln war er später Fachreferent für Judenfragen der Partei, nach 1945 wurde er fieberhaft gesucht, jedoch nie gefunden. Gerüchten zufolge sollte er in Tibet untergetaucht sein. Man sieht aus dem, daß der Antisemitismus der obersten Führungsspitze der Thule und damit der Nationalsozialisten nicht so arg war, wie es den Anschein hatte. Es wurde verschiedentlich auch behauptet, daß die Freundin Sebottendorffs und Hauptanteilseignerin des „Beobachters", Fräulein Käthe Bierbaumer, Jüdin sein sollte, doch fand sich kein Beweis für diese Behauptung.

Ab 11. August 1911 (Nr. 63) zeichnet Dietrich Eckart — wieder ein Thule-Mann, doch diesmal als Nationalsozialist — als Leiter des „Völkischen Beobachters". Am 16. November 1921 wird Adolf Hitler als Vorsitzender der NSDAP im Amtsgericht München als Eigentümer aller Anteile des Verlags Franz Eher Nfg. eingetragen.

Vielen Lesern wird sich natürlich die Frage stellen, warum die Männer der Thule gerade auf den einfachen, kleinen, von seiner Persönlichkeit her damals unscheinbaren Adolf Hitler verfielen, während sie doch be-

Dietrich Eckart (1868-1923), Journalist,
Dichter und Dramatiker, machte im Frühjahr 1920
die Bekanntschaft Hitlers

deutendere Männer zur Hand gehabt hatten, die sie an die Spitze der neuen Partei hätten stellen können. Einer der Hauptgründe für solche Vorgehen war zweifellos, daß man einen Menschen, den man selbst erst groß machen mußte, leichter lenken konnte als einen Menschen mit eigener gefestigter Persönlichkeit.

Andererseits brachte Hitler viele Voraussetzungen für eine okkulte Gesellschaft mit. Hatte er sich doch bereits in seiner Wiener Zeit mit dem Okkultismus und verwandten Gebieten beschäftigt. So schreibt der englische Historiker Alan Bullock in seiner Hitler-Studie: ,,Er verbrachte viele Stunde in den öffentlichen Bibliotheken. Aber er las wahllos und unsystematisch: Das antike Rom, orientalische Religionen, Yoga, Okkultismus, Hypnotismus, Astrologie . . .''

Man sieht, Hitler war also bereits vorbelastet. Vielleicht spielte auch die Empfehlung des österreichischen Führers der Neutempler, Jörg Lanz von Liebenfels, der gute Verbindungen zur Thule unterhielt und Hitler aus dessen Wiener Zeit kannt, eine gewisse Rolle. Auch ein zweiter enger Bekannter aus Hitlers Wiener Zeit, der bestens über dessen okkultistische Interessen unterrichtet war, der spätere Gelehrte Johannes Walter Stein, ein Jude, dürfte Kontakte zur Thule — oder zumindest zu einigen anderen okkulten Vereinen — gepflogen haben.

Allerdings darf man den Wiener okkultistischen Studien Hitlers keine so große Bedeutung beimessen, wie es der Engländer Trevor Ravenscroft in seinem oftmals auf reiner Phantasie basierenden Buch ,,Der Speer des Schicksals'' tut. Viele der Angaben in diesem Buch sind völlig unhistorisch. Die Behauptungen Ravenscrofts sind ebenso einseitig und falsch wie die von Wilfried Daim, der die gesamte Entwicklung Hitlers auf seine Bekanntschaft mit Lanz von Liebenfels zurückführen wollte. Die endgültige Formung erhielt Hitler erst durch die geheimen okkultistischen Bünde in Deutschland, seine Wiener Erlebnisse bereiteten ihn nur insoweit darauf vor, daß er sich für die Zwecke der Hintermänner, die auch künftig im Hintergrund bleiben wollten, als besonders geeignet erwies.

SEBOTTENDORFF VERLÄSST DEUTSCHLAND

Rudolf von Sebottendorff ist eine der schillerndsten Persönlichkeiten seiner Zeit. Er kam aus dem Dunkel, um einige Zeit in Deutschland seine Hände ins politische Spiel zu stecken, und verschwand anschließend wieder ins Dunkel, während die von ihm hervorgebrachten Kräfte selbständig weiterarbeiteten.

Über die Zeit vor seinem politisch-geheimbündlerischen Wirken in Deutschland sind die widerstreitendsten Gerüchte im Umlauf. Seine eigenen Angaben in dem Buch „Bevor Hitler kam" nehmen es mit der Wahrheit auch nicht immer sehr genau. Ziel dieses Buches war, sich selbst in bestem Lichte erscheinen zu lassen.

Berechtigte Zweifel lassen sich sowohl an der ehrlichen nationalen wie an der antisemitischen Gesinnung des Gründers des Thule-Ordens und seiner äußeren Ringe erheben, wenn man die wenigen Einzelheiten, die über das Vorher bekannt sind, zusammenfaßt: Sebottendorff hatte bereits in der Türkei Verbindungen zu Freimaurern, Rosenkreuzern und islamischen Geheimorden. Ein jüdischer Kaufmann soll ihn zum Meister der Rosenkreuzer gemacht haben.

Von allen diesen Organisationen kann man gewiß nicht behaupten, daß ihre Einstellung national oder gar antisemitisch wäre. Im Gegenteil, es handelt sich hier um eindeutig — vielleicht der Derwisch-Orden ausgenommen — um internationale Gemeinschaften, in denen zu allen Zeiten Juden nicht nur als Mitglieder, sondern auch in führenden Rollen tätig waren. Auch die Angaben, wonach Sebottendorff bei seinem Aufenthalt in der Schweiz mit nationalistischen Organisationen in Verbindung kam, dürfte kaum den Tatsachen entsprechen; denn zu jener Zeit waren wohl kommunistische Emigranten in der Schweiz anzutreffen, doch kaum deutsche Nationalisten. Eher sind schon Verbindungen zu seinem Maurer-Bruder Schwidtal, den er wahrscheinlich schon in der Türkei gekannt hatte, anzunehmen.

Woher stammt also der plötzliche antisemitische Geist Sebottendorffs? Wie wir schon gesehen haben, bestanden trotz der nach außenhin streng antisemitischen Einstellung gute Verbindungen Sebottendorffs, des Thule-Ordens, und der NSDAP zu Juden und, wie wir noch sehen werden, bestanden diese Verbindungen auch in späterer Zeit weiter.

Wir wissen auch — und Sebottendorff selbst bestreitet das in seinen Schriften auch nicht —, daß man aus dem Geheimbund der Freimaurer, wie aus fast allen Geheimbünden nicht einfach austreten kann. Zu oft wurde den Freimaurern Mord an abtrünnigen Brüdern vorgeworfen. Sollte hier gerade Sebottendorff die berühmte Ausnahme machen?

Wenn wir aufmerksam die Tätigkeiten des Thule-Ordens und später der NSDAP verfolgen, so läßt es sich kaum vermeiden, daß ein Verdacht aufkeimt, daß Sebottendorff in irgendwessen Auftrag den Thule-Orden gründete. Sollte er im Auftrag der Freimaurer die nationalen Kräfte Deutschlands unter Kontrolle bringen? Es standen ihm zu allen Zeiten große finanzielle Mittel zur Verfügung, deren Herkunft immer unklar war. Die Mitgliederschaft des innersten Kreises der Thule war sehr bunt zusammengewürfelt: Nationale, Okkultisten, katholische Geistliche, jüdisch Versippte und Angehörige anderer geheimer Gesellschaften, dennoch aber ging die Arbeit in die gleiche Richtung. Wer zog hier im Hintergrund die Fäden?

Es wurde der Thule vorgeworfen, daß sie zahlreiche Fememorde auf dem Gewissen habe (man spricht von 300 bis 400 Opfern, die meisten Fälle wurden nie aufgeklärt), und unter diesen Opfern war auch mancher Nationale. Denn wir werden sehen, daß es nicht nur innerhalb der Thule selbst Leute gab, die mit dem Kurs nicht einverstanden waren, sondern auch außerhalb.

Sebottendorff jedoch schien seine Aufgabe mit der Gründung der NSDAP erledigt zu haben, denn bereits kurz danach verließ er Deutschland, um wieder in der Versenkung zu verschwinden, aus der er gekommen war.

Den Grund gibt er selbst mit Angriffen gegen seine Person an, die er — wieder eigenen Angaben zufolge — jedoch alle abwehren konnte. Warum also dann das Verlassen Deutschlands, wenn nicht der wahre Grund darin bestand, daß er die ihm gestellte Aufgabe gelöst hatte und nun hier nicht mehr vonnöten war?

Seltsamerweise kamen die Angriffe gegen Sebottendorff von nationaler Seite, also von jener Seite, auf die sich der Thule-Orden stützte. Allerdings war es die sozialdemokratische „Münchner Post", die am 14. März 1923 einen Artikel gegen Sebottendorff unter dem Titel „Das Porträt eines hakenkreuzlerischen Hochstaplers" veröffentlichte. Was wurde darin dem Sebottendorff vorgeworfen?

Sebottendorff sollte angeblich bereits im Jahre 1909 wegen Betrugs verurteilt worden sein. Dann sei er in die Türkei gegangen, wo er — vielleicht auch nicht — von einem Heinrich Freiherr von Sebottendorff adoptiert worden war. Nach den eigenen Angaben Sebottendorffs hatte es schon vorher einen Streit um diese Adoption gegeben, doch hätte Siegmund Sebottendorff von der Rose ihn 1914 in Wiesbaden als Mitglied der Familie anerkannt, und seine Frau hätte nach seinem Tod die Adoption durch einen Notar in Baden-Baden wiederholt. Allerdings seien — wieder nach eigener Darstellung Sebottendorffs — seine Papiere 1919 in die Hände der Sozialdemokraten gefallen, so daß er keine Unterlagen mehr darüber besaß. (Zweifellos hätten sich aber die Unterlagen, soweit sie von dem Notar in Baden-Baden stammten, doch wieder herbeischaffen lassen.).

So warf die „Münchner Post" Rudolf von Sebottendorff vor: Er führe einen falschen Namen. — Er habe 1919 die Thule feige im Stich gelassen (was zweifellos aber nicht die Sorge der Sozialdemokraten war). — Er sei Türke geworden, um sich vom Kriegsdienst zu drücken. — Er habe Gelder kassiert und nicht verrechnet. — Er sei entmündigt.

Einiges daran dürfte wohl stimmen, manches, wie das bei derartigen „Enthüllungen" meistens ist, wird wohl dazugedichtet worden sein. Auf seine Tätigkeit in einem Geheimbund hätte das wohl keinen Einfluß gehabt, er hätte ja bloß in den Hintergrund treten müssen.

Sebottendorff aber verließ Deutschland, nachdem er schon vorher von München nach Bad Sachsa übersiedelt war, und begab sich wieder nach Istanbul. Er begründete seinen Verzicht auf jegliche Klage damit, daß er im Falle einer Klage Interna der Thule hätte preisgeben müssen. Da im allgemeinen in Geheimbünden interne Ehrengerichte über die Mitglieder entscheiden, ohne sich um Gerichtsurteile und den allgemeinen bürgerlichen Ehrenkodex zu kümmern, dürften zweierlei Gründe für seinen Entschluß, Deutschland zu verlassen, maßgebend gewesen sein. Der wohl wichtigste dürfte der schon erwähnte gewesen sein, daß seine Aufgabe fürs erste erledigt, seine Anwesenheit in Deutschland daher nicht mehr notwendig war. Andererseits gab es zweifellos Machtkämpfe innerhalb der Thule; denn immerhin waren es nationale Leute, die die Angriffe gegen ihn weiterverbreiteten: der Rechtsanwalt Justizrat Dr. Först und Dr. Glaser.

Dennoch bedeutete seine Rückkehr nach Istanbul keinen Bruch mit der Thule. Er wurde von seinen Nachfolgern in der Leitung ständig durch Briefe auf dem laufenden gehalten, und er kam auch wieder nach Deutschland, als Hitler die Macht übernahm. Zu jener Zeit allerdings war der Thule-Orden bereits in anderen Händen — wir werden noch darüber berichten — und Sebottendorff zog es vor, Deutschland wieder zu verlassen. Dennoch ließen ihn die Nationalsozialisten nicht fallen; Sebottendorff war in der Türkei Mitarbeiter der deutschen Abwehr (und möglicherweise nicht nur dieser; seine Verbindungen zu englischen und anderen Geheimlogen waren bereits zu gut, als daß er nur für die Deutschen gearbeitet hätte).

Sein Nachfolger in der Leitung der Thule wurde Hanns Dahn, ein Enkel des Dichters Felix Dahn, der jedoch bald einem anderen, Johannes Hering, weichen mußte. Von diesem übernahm die Leitung Max Sesselmann, der am Marsch zur Feldherrnhalle teilgenommen hatte und danach bayrischer Landtagsabgeordneter des Völkischen Blocks wurde. 1933 wurde der Tondichter und Forscher Franz Dannehl Führer der Thule, doch hatten jetzt bereits andere Leute das große Sagen. Bald wurde der bekannte Münchner Professor Karl Haushofer, der Schöpfer der Geopolitik, der seine erste Schulung in einem japanischen Geheimorden erhalten hatte, zum Führer des innersten, des esoterischen Kreises. Und damit begann dieser, die Geschicke eines ganzen Volkes maßgeblich mitzugestalten.

THULE-MAGIE DER GESCHICHTE

„Zufall gibt es nicht in der Welt. Alles vollendet sich nach großen Gesetzen. Jeder formt seinen Kreis in der Entwicklung, und wo diese Linien sich treffen, sich zufallen, glauben wir an einen Zufall, aber alles läuft in seinen Bahnen wie die Sterne." Diese bedeutungsvollen Worte stammen aus dem Roman „Diana Beata" von Reinhold Conrad Muschler. Muschler dürfte jedoch kaum an die „Zufälligkeiten" kabbalistischen oder freimaurerischen Denkens gedacht haben.

Gewiß, manches von dem, was hier dargestellt werden soll, kann tatsächlich auf einem Zufall beruhen. Wenn sich jedoch Zufälle derart häufen, wie im Zusammenhang zwischen Thule und dem Nationalsozialismus, dann muß man wohl den Verdacht äußern dürfen, daß hinter all den Zufällen eine lenkende Hand steckt. Von Historikern ist bisher — wohl in Anbetracht dessen, daß man kaum auf greifbare Unterlagen und schriftliche Quellen stoßen wird — der Einfluß der verschiedensten Geheimbünde und Geheimgesellschaften auf die Geschichte der Völker viel zu wenig beachtet bzw. untersucht worden. Sollte eine solche Untersuchung jemals von Erfolg gekrönt sein, müßte wahrscheinlich die gesamte Weltgeschichte umgeschrieben werden.

Wir können im Rahmen dieser Arbeit nicht auf die verschiedenen zahlenmagischen Rituale, wie sie von Kabbalisten, Freimaurern und anderen geheimen Gesellschaften gepflegt werden, eingehen. Den darauf erpichten Leser müssen wir schon auf die einzelnen Arbeiten über die Kabbala bzw. auf das dreibändige Werk von O. Wirth, La Franc-Maconnerie rendue intelligible à ses Adeptes (Paris 1962-1963, Neuauflage), in welchem die freimaurerische Zahlenmagie am besten abgehandelt wird, verweisen. Hier sollen nur einige aufschlußreiche „Zufälligkeiten" aufgezeigt werden.

Die Zahl 7 ist in den Geheimwissenschaften die „Gotteszahl", sie gilt Kabbalisten wie Freimaurern daher als wichtigste, als heilige Zahl. Bei den Freimaurern dürfen 7 Mitglieder anerkannter Logen eine neue Loge gründen. Jede Logengründung bedarf also der Siebenzahl von Gründern. Als Adolf Hitler in die NSDAP aufgenommen wurde, erhielt er die Mitgliederzahl 7, obwohl, wie wir aus allen Quellen ersehen können, die zwar kleine Partei bereits vor Hitlers Aufnahme mehr als nur 6 Mitglieder hatte. Hatte also die Mitgliederzahl 7 eine besondere Bedeutung? Hitler dürfte also der siebente Eingeweihte gewesen sein, der von der Thule in die NSDAP geschickt wurde. Nun waren die Sieben beisammen, die zur Gründung einer neuen Loge berechtigt waren.

Immerhin waren es aber auch 7 Angehörige der Thule, die beim Münchner Geiselmord ermordet wurden, und es waren 7 Mörder, die beim anschließenden Geiselmordprozeß zum Tode verurteilt wurden. Nochmals bietet uns die Geschichte die Zahl 7: Österreich war genau 7 Jahre, von 1938 bis 1945, an das Deutsche Reich angeschlossen.

Auch der 9. November spielt eine wichtige Rolle, denn am 9. November 1918 war es, daß der Hochgrad-Freimaurer Prinz Max von Baden die rote Fahne hißte, die die Revolution in Deutschland auslöste. Genau 5 Jahre danach, am 9. November 1923, fand der als „Hitler-Putsch" bezeichnete Marsch zur Feldherrnhalle statt. Gewiß aber ist es ein Zufall, daß der 9. November auch Geburtstag des Freiherrn von Sebottendorff (geboren 9.11.1875) ist.

Der Geschichtsbetrachter, der nicht auch die Hintergründe und die Drahtzieher geschichtlicher Ereignisse beachtet, wird der Meinung sein, daß die Machtübernahme Hitlers nicht unbedingt im Jahre 1933 hätte erfolgen müssen; sie hätte ebensogut früher oder später erfolgen können. Gewiß, man kann nicht unbedingt einen Zusammenhang annehmen zwischen der Tatsache, daß die Freimaurer die Zahl 3 als wichtigste Zahl betrachten (Dreiheit von Lehrling, Geselle, Meister, Symbol des Dreiecks, der Freimaurer setzt drei Punkte hinter seine Unterschrift), während 33 eine Verdoppelung, daher Verstärkung der Dreizahl ist, und der Machtübernahme Hitlers im Jahre 33. Wer aber die Praktiken derartiger Geheimgesellschaften kennt, der weiß, daß gerade in der Geschichte der Magie der Zahl ein gewaltiger Einfluß zuerkannt wird.

933 wurde die Schlacht an der Unstrut geschlagen, die in der Folge zur Gründung des Ersten Deutschen Reiches führte. Genau eintausend Jahre danach wurde das Dritte (wieder die Dreizahl) Deutsche Reich gegründet. Dazwischen gab es noch das Jahr 1033, in dem Burgund zum Reich kam und 1833, in dem der Deutsche Zollverein gegründet wurde.

Die Drei ist aber auch eine endgültige Zahl. Das Dritte Reich sollte das letzte deutsche Reich sein, danach sollte kein Reich der Deutschen mehr kommen, die Deutschen sollten durch dieses Reich und mit ihm vernichtet werden. 1945 wurde dieses Reich nach Abtrennung wichtiger Gebiete nochmals in 3 Einzelstaaten (BRD, DDR, Österreich) zerrissen. Daß die restlose Vernichtung des deutschen Volkes, wie sie auch im Plan des Hochgrad-Freimaurers Morgenthau zum Ausdruck kam, ist — wie wir noch später sehen werden — darauf zurückzuführen, daß es auch gegensätzliche Kräfte gab; auch in der Thule gab es wie in der NSDAP immer wieder interne Kämpfe zwischen den verschiedenen, einander entgegenwirkenden Kräften.

Doch wieder zurück zu den seltsamen Zahlenpraktiken: Auch die Zahl 12 spielt als Zahl der Vollendung, der Vollkommenheit eine wichtige Rolle. Das Programm der NSDAP bestand aus 12 Punkten, und genau 12 Jahre währte das Dritte Reich. Im 13. Jahr (nach der Zahlenmagie ist 13 — da es nach der Vollkommenheit nichts mehr geben kann — die Zahl des Unglücks und der Zerstörung) fand der Nürnberger Prozeß statt, bei dem 12 (!) Angeklagte zum Tod verurteilt wurden. Auf diesen Prozeß werden wir noch zurückkommen.

In der Thule-Magie gibt es aber noch einige interessante „Zufälle". Im Jahre 1523 starb der große deutsche Dichter und Freiheitsheld Ulrich von Hutten; er war ein Mann, der zwischen zwei Ordnungen stand, zwischen der durch den Katholizismus beherrschten Ordnung des Mittelalters und der neuen des Protestantismus. Auch der 200 Jahre später, 1723, gestorbene große Dichter Johannes Günther zerbrach daran, daß er zwischen zwei Ordnungen zerrieben wurde. Und wieder 200 Jahre später war es der Dichter Dietrich Eckart, der 1923 an den gesundheitlichen Schäden starb, die ihm der Kampf zwischen den beiden Ordnungen des zerfallenden Reiches und des aufstrebenden Nationalsozialismus zugefügt hatte. Und wenn man noch eine Parallele suchen wollte, so kann man sagen, daß alle drei Dichter auch ein Hang zu leichtem Leben und zu Alkohol verband.

Wie der Erste Weltkrieg 300 Jahre nach dem Prager Fenstersturz, der den Dreißigjährigen Krieg einleitete, beendet wurde, so starb der angebliche Verräter Röhm genau 300 Jahre nach dem angeblichen Verräter Wallenstein.

Und das sollen alles reine Zufälle sein? Vielleicht wird jemand behaupten, es seien die Sterne, die das Geschick der Menschheit beeinflussen. Der Verfasser der vorliegenden Arbeit ist hier mehr der Ansicht, daß es die Hintermänner, die Drahtzieher hinter den Kulissen der Politik sind, die zahlenmagische Spielereien treiben und sie dann als „Vorsehung" ausgeben.

BRÜDER, REICHT DIE HAND ZUM BUNDE . . .

Dreihundert Männer, von denen jeder jeden kennt, leiten die Geschicke des Kontinents und wählen sich ihre Nachfolger aus ihrer Umgebung." An diesen Ausspruch des deutschen Freimaurers und Politikers Walther Rathenau müssen wir unwillkürlich denken, wenn wir die Verquickungen der Geheimbünde untereinander betrachten.

War die Thule ein nationalistischer und antisemitischer Geheimbund, so hatte sie doch beste Verbindungen, ja Personalunion mit anderen, internationalen und jüdischen Geheimgesellschaften. Die türkischen Verbindungen Sebottendorffs vor seiner Rückkehr nach Deutschland haben wir bereits erwähnt. Horst E. Miers führt diese in seinem „Lexikon des Geheimwissens" noch näher aus: Danach war Sebottendorff ursprünglich auch Angehöriger der von Helena Blavatsky gegründeten Theosophischen Gesellschaft. Später gründete er gemeinsam mit Max Heindel (Pseudonym für Carl Louis Heindl) die „Rosenkreuzergesellschaft".

Diese Rosenkreuzergesellschaft war eine Abspaltung der Theosophischen Gesellschaft. Max Heindl war eine Zeit lang Schüler des Gründers der Anthroposophischen Gesellschaft, Rudolf Steiner, die ihrerseits ebenfalls eine Abspaltung der Theosophischen Gesellschaft war. Er zerstritt sich mit Steiner, weil er dessen geheime Lehren veröffentlichte und damit einen Diebstahl geistigen Eigentums beging. Bereits vorher war Max Heindel auf Empfehlung Steiners in die Berliner Freimaurerloge „Viktoria von Preußen", die zur „Symbolischen Großloge des Schottischen Ritus" gehörte, aufgenommen worden.

Man sieht auch hier wieder die enge Verbindung dieser Geheimbünde zur Freimaurerei. Daß die Verbindungen zwischen der Thule und der „Rosenkreuzer-Gesellschaft" sehr eng gewesen sein müssen und zweifel-

Rudolf Steiner

los nachhaltig bestanden haben, beweist die Tatsache, daß die Rosen-kreuzer-Gesellschaft von den Machthabern des Dritten Reiches erst im Jahre 1936, also sogar später als die Thule selbst, aufgelöst wurde, während alle anderen freimaurerischen Vereinigungen bereits im Jahre 1933 verboten worden sind. Wie gewichtig der Einfluß dieser Gesellschaft gewesen sein mußte, beweist allein schon die Tatsache, daß selbst die verhältnismäßig harmlosen studentischen Korporationen bereits früher aufgelöst worden sind.

Wie sehr freimaurerische Bindungen verpflichtend sind, zeigt das Verhalten Sebottendorffs zu Steiner. Nicht nur zwischen Heindel und Steiner (wegen des Diebstahls der geistigen Unterlagen Steiners durch ersteren), sondern auch zwischen Sebottendorff und Steiner bestand eine erbitterte Feindschaft. Beide bekämpften einander in Wort und Schrift, wobei Steiner Sebottendorff vorwarf, dieser sei ein Vertreter der schwarzen Magie und wolle ihn ermorden, während er, Steiner, ein Vertreter der weißen Magie sei.

Sebottendorff und seine Freunde warfen Steiner wiederum vor, Ursache des berühmten „Wunders an der Marne" gewesen zu sein. In der großen Marneschlacht vom 5. bis zum 9. September 1914 schlugen die deutschen Truppen unter Helmuth v. Moltke die französischen Truppen schwer, und der Weg nach Paris war für die deutschen Truppen offen. Aber das Unerwartete geschah. Generalfeldmarschall Moltke gab nicht den Befehl zum Vormarsch auf Paris, sondern gab den Franzosen die Gelegenheit, ihre Truppen wieder zu sammeln. Die Folge war ein vierjähriger Stellungskrieg, den die alliierten Truppen leichter aushalten konnten als das gegen eine vielfache Übermacht kämpfende Deutsche Reich. Dieses seltsame Stillhalten Moltkes, mit dem er einfach den sicheren Sieg aus der Hand gab, war vielen Deutschen völlig unverständlich; es ist als sogenanntes „Wunder an der Marne" in die Geschichte eingegangen.

Nun mag es durchaus zutreffen, daß Moltke mit Rudolf Steiner in Verbindung stand, daß die beiden einander gut gekannt haben. Es ist jedoch zweifellos weit hergeholt, deshalb Rudolf Steiner für dieses „Wunder an der Marne" verantwortlich machen zu wollen. Nationale Kreise haben Moltke den Vorwurf gemacht, daß er im Auftrag der Freimaurer gehandelt

Prof. Dr. Karl Haushofer, Geopolitiker und
zum Buddhismus konvertierter Schüler Schopenhauers

hätte, um Paris zu retten, das zu jener Zeit ein bedeutendes freimaureri-
sches Zentrum war.

Die Vorwürfe, die Steiner gegen die Thule erhob, nämlich, daß sie ihn
ermorden wollten, dürften aber nicht zutreffen.

Es wäre der Thule, die angeblich hinter 300 bis 400 Fememorden stand,
gewiß nicht schwergefallen, auch Rudolf Steiner zu ermorden. Daß es
nicht geschehen ist, beweist eher, daß es nicht in der Absicht der Thule
lag. Allerdings brannte im Jahre 1922 in Dornach in der Schweiz das Hei-
ligtum der Anthroposophen, das Goetheanum, aus ungeklärter Ursache
ab. Steiner schob auch das den Thule-Leuten in die Schuhe, doch ist der
Urheber des Brandes nie gefunden worden. Jedoch gehörte nicht nur die
Thule zu den Feinden Steiners, so daß es auch andere Feinde hätte geben
können, die das Goetheanum hätten vernichten wollen. Falls es — was
auch nicht mit Sicherheit erwiesen ist, — überhaupt Brandstiftung war.

Doch wir sind noch lange nicht am Ende, wenn wir die Querverbindungen der Geheimgesellschaften um das Dritte Reich und die Nationalsozialisten behandeln wollen. Jetzt müssen wir ein wenig weiter ausho-
len, um die Hintergründe augenscheinlich zu machen.

Im Jahre 1887 wurde von einigen bedeutenden Freimaurern, Angehörigen der Großloge von England, sowie Angehörigen der Societas Rosicri-
ciana in Anglia (= Rosenkreuzergesellschaft in England) ein neuer okkultistischer Geheimorden, der „Hermetic Order of The Golden Dawn"
(Streng geschlossener Orden der goldenen Morgendämmerung) gegründet. Erster Großmeister wurde McGregor Mathers, der jedoch bald von
dem bedeutenden englischen Schriftsteller William Butler Yeats abgelöst
wurde. Dieser Orden beschäftigte sich mit Magie, Alchemie, Astrologie,
Heilpflanzenkunde und der Suche nach einem Elixier für langes Leben.
Bald hatte er Mitglieder auch auf dem europäischen Festland und in den
Vereinigten Staaten. Jeder Neuaufzunehmende mußte zuerst eine Probe-
zeit bestehen, dann erst durfte er trachten, die Stufenleiter der neun Gra-
de, die der Orden kannte, zu durchwandern.

Diesem Orden gehörte neben Yeats auch ein anderer bedeutender
Schriftsteller jener Zeit an, Edward Bulwer-Lytton, dessen bekanntestes
Werk wohl „Die letzten Tage von Pompeji" ist. Beruflich war Bulwer-Lyt-
ton in der Politik tätig, wie viele der Männer aus derartigen geheimen Ge-

sellschaften; einige Jahre hindurch war er britischer Kolonialminister. Sein Sohn war fünf Jahre lang Vizekönig von Indien. Das bedeutendste Buch von Edward Bulwer-Lytton wurde von der Öffentlichkeit kaum beachtet, dennoch war es jenes Werk, das Jahre danach die Politik am maßgeblichsten beeinflussen sollte: ,,The Coming Race'' (Die kommende Rasse). In diesem ,,Roman'' schildert der Verfasser, wie die Menschen durch Entdeckung einer VRIL-Kraft Einfluß auf die Lebensgesetze des Menschen gewinnen, wodurch eine neue Hochzucht von Menschen zustande kommt, die auch eine neue soziale Ordnung schaffen.

Dem schon erwähnten Rudolf Steiner ist es zu verdanken, daß dieses Buch, das schon in England kein Erfolg war, ins Deutsche übertragen wurde. Es erschien unter dem Titel ,,VRIL oder eine Menschheit der Zukunft'' im Verlag der Anthroposophen in Dornach in der Schweiz. Dieser Roman, den Rudolf Steiner als das Ergebnis einer ,,visionären Schau'' von Edward Bulwer-Lytton ansah, war der Anlaß zur Gründung einer besonderen Geheimgesellschaft in Deutschland, der VRIL-Loge. Diese Loge war der eigentliche innerste Kern der Hintermänner des Dritten Reiches, gleichzeitig auch der innerste Kreis der Thule-Gesellschaft und des Germanenordens. Es gelang jedoch den Angehörigen der VRIL-Loge, ihre Gemeinschaft derart geheimzuhalten, daß bis heute nur selten ein Schriftsteller ihre Existenz zur Kenntnis nimmt, während man immer wieder der Meinung ist, die Thule oder der Germanenorden wäre bereits der die Fäden ziehende Geheimbund gewesen.

Wie kam es nun zur Gründung der VRIL-Loge? Zum Kreis um die Thule-Gesellschaft gehörte auch ein bekannter Okkultist und Magier, der 1865 in Kleinasien geborene Georg Iwanowitsch Gurdjew. Dieser hatte seine phänomenalen magischen Kenntnisse und Fähigkeiten in Tibet erworben, das er mehrfach besucht hat. Später richtete er in Fontainebleau bei Paris ein Institut für Menschenveredelung ein, wo er Menschen gefangenhielt und sogar zu Zwangsarbeiten anhielt. Freund dieses Gurdjew war auch der Generalmajor a. D. und Münchner Universitätsprofessor Karl Haushofer, der später die Grundlagen der nationalsozialistischen Geopolitik schuf. Haushofer hatte Gurdjew mehrmals nach Tibet begleitet und war später in Japan gewesen, wo er in die exklusive Loge ,,Grüner Drachen'' aufgenommen worden war.

In dieser Loge hatte Haushofer verschiedene Praktiken gelernt, die in Europa völlig unbekannt waren und sind. Die Asiaten sind gerade in okkulten Praktiken den Europäern immer weit überlegen gewesen. So sollte angeblich in dieser Loge die Fähigkeit erlangt werden können, die Lebenskräfte einer Pflanze magisch zu beeinflussen, ja, diese sogar einfach verdorren zu lassen. (Wir denken dabei an den Strauch, den Jesus verdorren ließ, weil er keine Früchte trug.) Haushofer lernte dort gewiß manche dieser geheimen Praktiken.

Karl Haushofer wurde nun einer der Gründer der VRIL-Loge, deren Angehörige sich „Brüder vom Licht" nannten. Auch andere Größen des Nationalsozialismus gehörten dieser Loge an, so vor allem Rudolf Heß und der enge Mitarbeiter Haushofers, Prof. Dr. Theodor Morell, der Leibarzt Hitlers. Über die VRIL-Loge und deren Mitglieder ist nicht viel zu erfahren, ebensowenig über die eigentliche Tätigkeit. Man führte Forschungen über den Ursprung der arischen Rasse, die man im versunkenen Atlantis vermutete (mittlerweile haben die Forschungen von Jürgen Spanutz diese Vermutung erhärtet), vor allem aber studierte man die Möglichkeiten, mittels okkulter Praktiken die im arischen Menschen schlummernden magisch-mystischen Kräfte und Fähigkeiten zu wecken und zu steigern. Auch mit der Aufzucht einer Rassenauslese beschäftigte man sich sehr intensiv.

Die Geheimhaltung gelang sehr gut, denn man ging mit größter Härte gegen jedermann vor, der nicht schweigen konnte. Der jüdische Magier und Hellseher Herschel Steinschneider, der sich Jan Hanussen nannte, traf schon 1932 mit Hitler im Hotel „Kaiserhof" zusammen. Dort erklärte Hitler, daß er nach der Machtergreifung den Okkultismus in jeder Weise fördern wolle; er beabsichte, eine Hochschule zum Studium parapsychologischer Phänomene einzurichten. Seit dieser Zeit gehörte Hanussen zu den Vertrauten Hitlers und anderer NS-Größen. Doch er konnte nicht schweigen. Als er sich einmal seiner guten Beziehungen zur Führung des Dritten Reiches — Hitler war mittlerweile Reichskanzler — rühmte, hatte er sein Todesurteil gesprochen. Am 24.3.1933 wurde er ermordet.

Die Täter blieben unerkannt, doch waren sie zweifellos in der Thule zu suchen, die niemanden dulden konnte, der ihre Geheimnisse öffentlich preisgab. Die Schilderung über die Ermordung Hanussens, die Knaut in

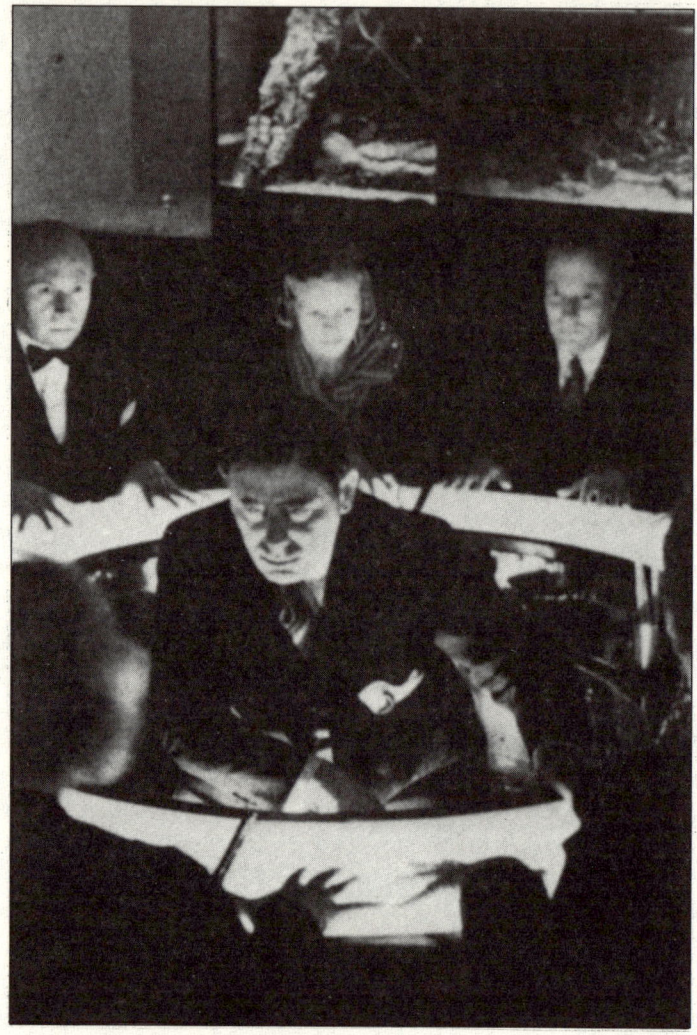

Der Hellseher Jan Hanussen alias
Herschel Steinschneider, hier bei einer
spiritistischen Sitzung im Jahre 1933

seinem „Testament des Bösen" gab, ist falsch. Knaut gibt als Auftraggeber für die Ermordung Hanussens einen SA-Obergruppenführer Ernst an — im Jahre 1933 gab es jedoch in der SA keinen Obergruppenführer Ernst. Der Reichstagsabgeordnete Karl Ernst (geb. 1.9.1904 Berlin-Wilmersdorf), wurde erst im Jahr 1934, kurz bevor er im Zusammenhang mit dem „Röhm-Putsch" erschossen wurde, zum Gruppenführer ernannt, wobei er auch zu diesem Zeitpunkt die Leitung der SA-Obergruppe 3 erhielt. Alfred Ernst (geb. 17.11.1895 in Stendal), der am 12.11.1933 Mitglied des Reichstages wurde, wurde erst 1943 zum SA-Gruppenführer ernannt. Auch die beiden SA-Sturmführer Adolf Steinle und Kurt Egger, die Knaut als die eigentlichen Mörder bezeichnet, sind sehr mysteriös.

An seinem 50. Geburtstag, am 20.4.1939, also kurz vor dem Ausbruch des Zweiten Weltkriegs, erhielt Hitler auch den Besuch eines Mister Fuller aus England. Mister Fuller war Abgesandter des englischen Geheimordens „Silver Star", der seinerzeit von dem bekannten Satanisten Aleister Crowley gestiftet wurde. Es gibt Leute, die behaupten, der „Silver Star" wäre nichts anderes als ein höherer Grad des Ordens „Golden Dawn", mit dem die VRIL-Loge in engstem Kontakt stand. Tatsache jedenfalls ist, daß Crowley zumindestens einige Zeit hindurch auch dem „Golden Dawn" angehört hat. Was jedoch an jenem 20. April 1939 zwischen Hitler und Herrn Fuller gesprochen wurde, wird wohl ewig ein Geheimnis bleiben. Geheimgesellschaften geben keine öffentlichen Erklärungen ab, wie dies Politiker gerne tun.

Während alle Geheimgesellschaften wie Rosenkreuzer, Freimaurer usw. aufgelöst wurden, bestanden Thule-Orden und VRIL-Loge weiter. Jedoch scheint man es auch mit anderen geheimen Gesellschaften nicht sehr genau genommen zu haben. Wer gelesen hat, mit welcher Schärfe die Freimaurer im Dritten Reich in Zeitungsartikeln und Büchern angegriffen wurden, wird kaum vermuten, daß ein Angehöriger diesen „verhaßten" Bundes Mitglied der nationalsozialistischen Regierung war: Dr. Hjalmar Schacht. Warum gerade ein Freimaurer den Posten des Finanzmannes besetzte, werden wir noch erklären. Nur am Rande erwähnt sei, daß auch der Chef der deutschen Abwehr, Admiral Canaris, und sein Mitarbeiter Gehlen Freimaurer waren.

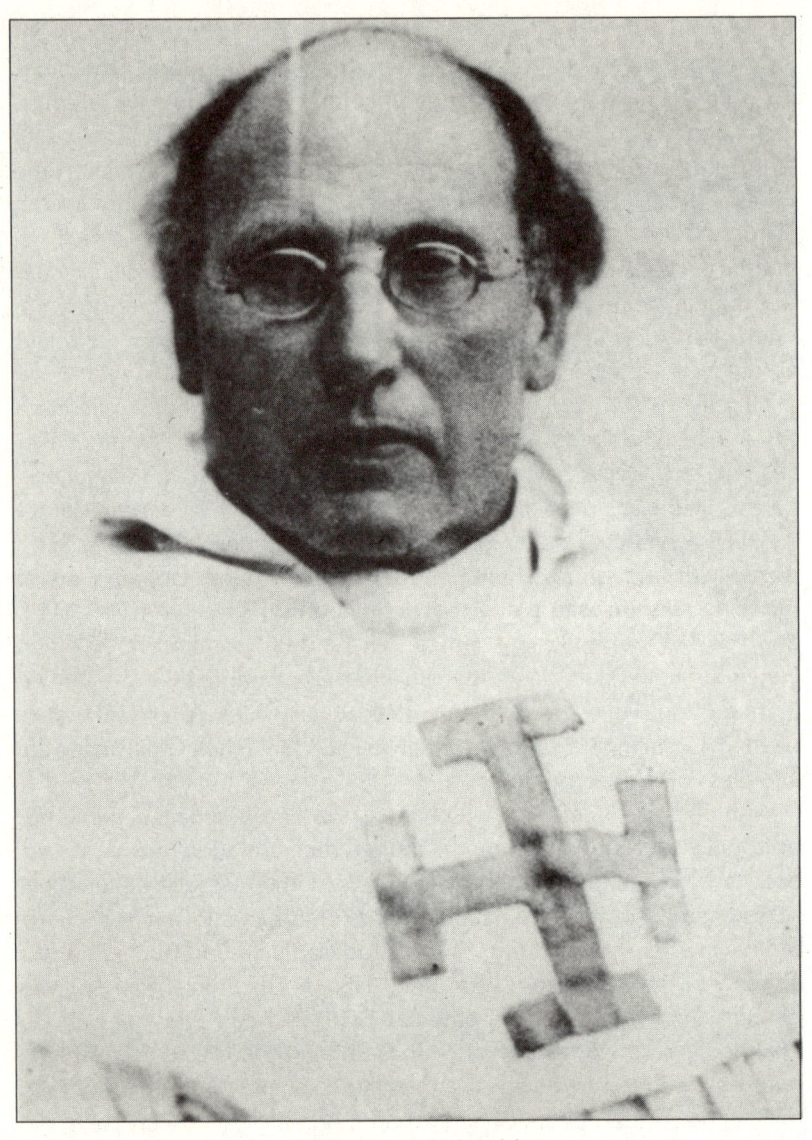

Jörg Lanz von Liebenfels

HITLER, DER MAGIER UND OKKULTIST

Immer wieder wurde von den magischen Fähigkeiten Hitlers gesprochen, die alle Menschen in ihren Bann zogen. Doch man ließ diese Aussage völlig unbeachtet, niemand kam auf den Gedanken, daß diese Fähigkeiten in einem Menschen erst geweckt werden müssen, daß solche Fähigkeiten das Ergebnis jahrelanger Schulung in den verschiedensten Geheimorden sind.

Einer der Gegner Hitlers, der österreichische Kanzler Kurt von Schuschnigg, sagt über ihn: ,,Hitler hat magische Gewalt auf die Menschen; er zieht sie entweder mit magnetischer Gewalt an und läßt sie nicht mehr los aus dem Bann, oder er stößt sie vom ersten Moment an ebenso heftig ab, so daß sich ein Abgrund auftut, der nie mehr Brücken tragen kann . . .'' (Requiem in Rot-Weiß-Rot, 1947, S. 25).

Der Filmemacher Hans Jürgen Syberberg sagt von Hitler: ,,Ich glaube, daß Hitler die letzte große mythische Figur des Abendlandes war''. (Laut ,,Kronen-Zeitung'' 17.10.1978)

Immer wieder ist von der Ekstase die Rede, die Hitler ergriff: ,,Es war, als würde ein anderes Ich aus ihm sprechen, von dem er selbst mit gleicher Ergriffenheit berührt wurde wie ich . . . Ich hatte den Eindruck, als würde er mit Staunen, ja, mit Ergriffenheit selbst miterleben, was da mit elementarer Kraft aus ihm hervorbrach.'' (August Kubizek, Adolf Hitler, mein Jugendfreund.)

,,Einige Leute glaubten, weil sie in seiner Gegenwart ein Gefühl des Schreckens und den Eindruck übernatürlicher Kraft erlebt haben, er sei der Sitz von Thronen, Besitzungen und Mächten, unter denen St. Paul die hierarchischen Geister versteht, die sich in jedem gewöhnlichen Sterblichen niederlassen können und ihn besetzt halten. Woher kommen die übermenschlichen Kräfte, die Kraft von dieser Art nicht vom Individuum

selber ausgeht und auch nicht zum Ausdruck kommen könnte, wenn dieses Individuum, obwohl an sich unbedeutend, nicht das Instrument einer Kraft wäre, für die unsere Psychologie keine Erklärung hat . . . Was ich hier sage, wäre als romantischer Unfug abzutun, wenn nicht das, was von — oder besser gesagt — durch diesen Mann geschaffen wurde, eine Wirklichkeit darstellte, die zu den Wunderwerken unseres Jahrhunderts zählt."
(Denis de Rougemont)

Auch William Shirer berichtet in seinem Buch „Aufstieg und Fall des Dritten Reiches": „Der allgegenwärtige Papen, der von Berlin nach Wien geflogen war, um an den Festlichkeiten teilzunehmen, traf Hitler auf der Tribüne gegenüber der Hofburg in einem Zustand an, den man, wie Papen später schrieb, nicht anders als ekstatisch beschreiben konnte."

Wie die magische Kraft Hitlers auf die Menschen seiner Umgebung wirkte, beschreibt Willi Frischauer in seinem Buch „Himmler: The Evil Genius of the Third Reich": „Himmler ist mit einer elektrischen Leitung verglichen worden, die von außerhalb mit Strom versorgt wurde. Der Strom kam von Hitler."

Wenn auch nicht alles tatsächlich gesagt worden sein muß, das der ehemalige NS-Funktionär und spätere Emigrant Dr. Hermann Rauschning in seinen „Gesprächen mit Hitler" (Zürich/New York 1940) anführt, so sollen hier doch auch einige Angaben aus diesem Werk wiedergegeben werden, da Rauschning kaum wissen konnte, daß Hitler einem okkultistischen Geheimbund angehörte (Er hätte es sonst gewiß erwähnt.) Er berichtet, daß Hitler sowohl in kleinem wie in großem Kreis Menschen in seinen Bann ziehen konnte und daß er um diese seine Macht genau Bescheid wußte; er konnte sie sehr gut nutzen (Seite 118).

Ein andermal stellte Rauschning fest, daß Hitler sich Kräften auslieferte, die ihn mit sich fortrissen. Kräfte dunkler und zerstörender Gewalt. Indem er noch meinte, die freie Wahl des Entschlusses zu haben, hatte er sich längst einem Zauber ausgeliefert, den man wohl mit gutem Grunde nicht bloß in bildhaftem Vergleich als dämonische Magie bezeichnen dürfte. Er wurde mehr und mehr zum Besessenen, der Raub von Mächten, die sich seiner bemächtigten und ihn nicht mehr losließen (Seite 202).

Auch Hitler selbst spricht oftmals von seinen magischen Fähigkeiten: „Eine neue Zeit der magischen Weltdeutung kommt herauf, der Deutung aus dem Willen und nicht aus dem Wissen." (Rauschning a. a. O. Seite 210).

„Ich gehe mit traumwandlerischer Sicherheit den Weg, den mich die Vorsehung gehen heißt." (14.3.1936). Horst Knaut erklärt dazu, daß Hitler an Telepathie und unbekannte Kräfte glaubte, die er in seinen Reden als „Vorsehung" interpretierte.

Nun sollten wir vielleicht einmal den Begriff der Magie näher erläutern. Hans Biedermann sagt in seinem „Handlexikon der magischen Künste" (München 1976): „Magie ist die Umsetzung eines auf Entsprechungen und Sympathien gegründeten Weltbildes in die Praxis. Von einer ‚prälogischen' Einstellung des Magiers zu sprechen, weil ein rational erfaßbarer Kausalzusammenhang zwischen der mag. Operation und dem zu beeinflussenden Objekt meist nicht gegeben ist, wäre unberechtigt, da in gleichen Epochen und von den gleichen Personen auch völlig logische, rationale Handlungen gesetzt werden. Hingegen ist der Begriff eines ‚paralogischen', d. h. neben der ‚normalen' Logik existierenden Weltbildes des Magiers nicht ganz von der Hand zu weisen."

Und Helmuth Hoffmann (siehe Literaturverzeichnis) sagt dazu: „Der eine Weg ist der des Suchenden, der seine Seele gläubig und ergeben auf den Augenblick der Gnade in meist vieljährigen täglichen Übungen vorbereitet hat und dann plötzlich, meist überraschend, seine Berufung erfährt. Das ist der Weg der weißen Magie. In der schwarzen Magie kann man mit anderen Mitteln zu dem gleichen Ziel gelangen, wobei Drogen, Zaubersprüche, dämonische Rituale und schwarze Künste eine besondere Rolle spielen. In beiden Fällen aber muß erst die irdische Sinnenwelt durchstoßen werden; völlige Hingabe ist in jedem Falle erforderlich."

Hoffmann ist es auch, der darauf hinweist, daß in der NSDAP viele magische Rituale aus der Thule übernommen worden sind, so die „Kulthandlungen mit der Blutfahne des Putsches", das „Blutritual" usw. Auch Knaut stößt in das gleiche Horn, wenn er vor allem auf gewisse Praktiken innerhalb der SS hinweist, die mit ihren „Weihen und Eiden" okkultistische Wurzeln hatten. Überhaupt war nach Knaut die SS als „Schwarzer Orden" ein „Nachahmung en gros der Organisationsformen okkulter Orden". Vom obersten Chef Himmler war bekannt, daß er alle Handschriften auf „gut oder böse auspendelte" und für „Geheimlehren" aller Art sehr aufgeschlossen war.

Laut Rauschning soll Hitler einmal sogar von den „Eingeweihten" gesprochen haben (a. a. O. Seite 117): „Die Masse braucht etwas für die Phantasie, und sie braucht feste, bleibende Lehrsätze. Die Eingeweihten wissen, daß es nichts Festes gibt, daß sich alles ständig wandelt."

Er soll ja dem Magier Hanussen versprochen haben: „Nach meiner endgültigen Machtübernahme werde ich den Okkultismus in Deutschland in jeder Weise fördern." Er hat sein Wort auch gehalten, wenn er auch nie eine diesbezügliche Hochschule, die allen Deutschen zugänglich war, geschaffen hat. Die okkultistischen Studien wurden in den nationalen Geheimlogen oder in besonderen Forschungsgruppen innerhalb der SS und besonders der Stiftung „Ahnenerbe" durchgeführt. Erinnern wir uns nur an die bekannte Tibet-Expedition, die von der SS ausgerüstet wurde.

Nach außen hin wurden die Angehörigen okkultistischer Zirkel jedoch verfolgt, die Zirkel selbst verboten. Man trachtete, niemanden außerhalb des innersten Kreises der Partei zu dulden, der sich mit ähnlichen Dingen beschäftigte, bzw. der sich mit den magischen und okkultistischen Praktiken vertraut machte.

Der Einfluß solcher geheimer Zirkel und okkultistischer Praktiken auf die Politik, der nicht nur im nationalsozialistischen Deutschland gegeben war, sondern der immer wieder in der Geschichte auftritt, wird von den Geschichtsschreibern viel zu wenig beachtet, wodurch manche Phänomene unerklärt bleiben müssen. Gewiß, die geheimen Zirkel und Gesellschaften veröffentlichen ihre Unterlagen nicht, machen es dem Historiker daher äußerst schwer, wissenschaftlich fundierte Unterlagen zu bekommen. Daher verschließen die meisten Historiker ihre Augen vor der Existenz solcher Phänomene. Sie tun dann alle diesbezüglichen Äußerungen Hitlers als „Ausgeburten eines Wahnsinnigen", eines „Größenwahnsinnigen" ab.

HITLERS GEHEIMNISVOLLE GELDQUELLEN

Waren die Verquickungen bis jetzt schon nicht einfach zu durchschauen, wird nun die Sache völlig verwirrend. Wie bei Geheimagenten, wo man infolge zahlreicher Doppel- und Dreifachagenten nie wissen kann, auf welcher Seite einer gerade steht, ist es auch bei den Geheimbünden. Englische Berichte landen in Deutschland, deutsche in den USA, beider Berichte im fernen Osten . . .

Millionen Menschen starben, während im Hintergrund dunkle Mächte ihr böses Spiel treiben. Das Volk ahnt nichts von jenen, die im Hintergrund wirken, über Leichen gehen und ihre eigenen Ziele verfolgen, oft nicht einmal die kleinen Angehörigen dieser Geheimgesellschaften. Ja, man kann ruhig zugeben, daß gar mancher Politiker, der glaubt, die Schicksale seines Staates zu lenken, selbst Gelenkter ist und als Marionette an den unsichtbaren Fäden der Drahtzieher in irgendwelchen geheimen Zentralen hängt.

Parteien und politische Bewegungen stehen und fallen mit dem finanziellen Rückhalt. Das Volk hat im allgemeinen keine politische Meinung, es unterliegt der besseren Propaganda. Wer die größeren Mittel zur Verfügung hat, hat in der Demokratie meistens auch die Mehrheit. Es ist daher nur zu verständlich, daß auch Hitler Kapital brauchte, wollte er an die Macht gelangen. In den offiziellen „historischen" Werken wird meistens behauptet, daß die deutsche Rüstungsindustrie den Aufstieg Hitlers förderte. Zweifellos eine einfache Erklärung für jene, die sich Politik so einfach vorstellen: Hier die Guten, dort die Bösen.

Leider aber ist Politik nicht so einfach. Gewiß stammten Gelder Hitlers auch aus der deutschen Rüstungsindustrie, wie auch aus anderen deutschen Industriegruppen. Die Industrie unterstützt jedoch viele politische

Dr. Hjalmar Schacht,
Finanzexperte des Dritten Reiches

Gruppierungen gleichermaßen, wie heute noch der Industriellenverband in Österreich proporzmäßig seine Zahlungen an ÖVP, SPÖ und FPÖ leistet. Die damalige Industrie unterstützte neben Hitler gewiß auch die Deutschnationalen, das Zentrum und die Sozialdemokratie.

Die NSDAP konnte daher von der Industrie, die ja in einer Krisensituation steckte, nicht so viele Mittel bekommen, um die älteren und bereits etablierten Parteien aus dem Feld zu schlagen. Die Partei selbst konnte aus Mitgliedsbeiträgen kaum wesentliche Mittel aufbringen, denn zahlreiche Parteimitglieder waren damals arbeitslos. Vor allem aber SA und SS, die beiden Wehrverbände der NSDAP, deren Mitglieder zu einem Teil kaserniert waren, erforderten bedeutende finanzielle Mittel. 1932 gab es im Reich 300.000 SA-Männer und 100.000 SS-Männer, der Kostenaufwand allein für die SA betrug in diesem Jahr 180 Millionen Mark. Das konnte unmöglich allein von der deutschen Industrie aufgebracht werden.

Woher kamen nun diese Geldmittel? Im Jahr 1933 erschien im angesehenen Amsterdamer Verlag Van Holkeman & Warendorf eine Schrift „De Geldbronnen van het National-Socialisme". Als Verfasser zeichnet ein Sidney Warburg, als Übersetzer ein Journalist namens G. Schoup. Diese Schrift wurde allgemein als „Warburg-Bericht" (WB) bekannt und ist, das soll gleich vorweggenommen werden, sehr umstritten, denn einen Sidney Warburg gibt es nicht.

Der wesentliche Inhalt dieser Schrift ist, daß Hitler von der amerikanischen (jüdischen) Hochfinanz bis 1933 mindestens 32 Millionen Dollar erhalten hat und zwar: 1929 10 Millionen über das Bankhaus Mendelssohn & Co., Amsterdam, 1931 15 Millionen über Mendelssohn & Co., Rotterdamsche Bankvereniging, Rotterdam und Banca d'Italia, Rom, sowie 1933 7 Millionen über Banca d'Italia, Rom und Rhenania AG, Düsseldorf (deutsche Filiale der Royal Dutch Shell Cie.).

Sidney Warburg behauptet, er sei der Sohn eines Mitinhabers des New Yorker Bankhauses Kuhn, Loeb & Co. Jenes Bankhaus ist bereits 1917 in der Weltöffentlichkeit aufgefallen, als sein damaliger Präsident Jakob H. Schiff eine Erklärung veröffentlichte, in der er feststellte, daß die russische Revolution ausschließlich durch seine finanzielle Hilfe gelungen war. Jene führenden Kommunisten, die die Oktoberrevolution auslösten, sollen sogar von Amerika über Deutschland nach Rußland gebracht worden sein, obwohl damals Deutschland sowohl mit Amerika als auch mit Rußland im Krieg lag. Solche Behauptungen mögen vorerst unwahrscheinlich klingen, wenn man nicht weiß, daß ein Max Warburg zu jener Zeit Berater Kaiser Wilhelms gewesen ist, während sein Bruder Paul Warburg den US-Präsidenten Wilson beriet.

Die Warburgs sind eine weitverbreitete und mächtige Familie. Sie kann sich so bedeutenden Familien wie den Oppenheimers und den Rothschilds durchaus zur Seite stellen. Unter dem Präsidenten Roosevelt war James Warburg, der Sohn von Paul Warburg, einer der Führer der Kriegspartei gegen Deutschland, Max Warburg verließ Deutschland erst 1938 (!), andere Warburgs gehörten den alliierten Streitkräften an — gefallen ist keiner. Ein weiterer Warburg, der Nobelpreisträger für Chemie Otto Warburg, blieb in Deutschland (!). Er war, obwohl Volljude, während des Krieges Leiter eines Forschungsinstituts. Im Jahre 1945 liierte er sich mit den Russen, die ihm nicht einmal seinen Landbesitz wegnahmen. Nach dem Krieg kehrte auch Eric Warburg, der Sohn von Max, wieder nach Deutschland zurück und restaurierte in Hamburg die Warburg-Bank. Sein Vetter, Sir Siegmund, ist trotz seines Akzents einer der wichtigsten Bankiers Englands, ein anderer Vetter, Frederic, leitet das britische Verlagshaus Secker und Warburg, das einst gegründet wurde, um für Leo Trotzki eine Publikationsmöglichkeit zu schaffen (,,Mensch + Maß'' 23.7.1980 aufgrund einer Veröffentlichung der US-Zeitschrift ,,Instauration'' vom Februar 1978).

Man sieht daraus, welch seltsame Familienbande in der Hochfinanz bestehen. Daß mehrere Warburgs auch verschiedenen Geheimgesellschaften (Freimaurern, B'nai B'rith, Shriners) angehören, ist selbstverständlich. Wer in den USA Macht haben will, muß einfach Mitglied eines solchen Bundes sein. Noch 1979 darf Ludz (Geheime Gesellschaften) feststellen, daß von insgesamt 5 Millionen Freimaurern auf der ganzen Welt allein die Hälfte auf die USA entfällt.

Nun aber wieder zurück zur Finanzierung Hitlers. Der Verlag zog bald nach Erscheinen den Warburg-Bericht über Einspruch des Bankhauses Warburg & Co. in Amsterdam zurück. Doch schon 1936 verfaßte der Schweizer Journalist René Sonderegger eine Schrift ,,Finanzielle Weltgeschichte", in der er sich auf diese Schrift bezog. Allerdings stellte er selber Forschungen an, reiste in die USA und gab 1948 unter dem Decknamen Severin Reinhard ein Buch „Spanischer Sommer" heraus, in dem er vermutete, daß Sidney Warburg mit James Warburg, Sohn von Paul Warburg und Teilhaber des Bankhauses Kuhn, Loeb & Ci. in New York identisch ist. Beweise allerdings konnte er dafür nicht erbringen.

Erst jetzt, mehr als 15 Jahre nach der erstmaligen Feststellung von Hitlers Finanzierung durch amerikanische Hochfinanzkreise, bequemte sich James Warburg, in einer „eidesstattlichen Erklärung" bekanntzugeben, daß der Warburg-Bericht eine Fälschung des holländischen Journalisten G. Schoup sei. Er konnte dies umso leichter tun, als G. Schoup, der einzige Mann, der weitere Zeugen für seine Gespräche namhaft hätte machen können, im Jahre 1944 getötet wurde und daher für immer zum Schweigen verurteilt war. Die Erklärung Warburgs wurde in der englischen und amerikanischen Ausgabe der Lebenserinnerungen von Papens abgedruckt, in der deutschen Ausgabe fehlte sie. Wo sich das Original dieser eidesstattlichen Erklärung befindet, ist nicht festzustellen. Doch gewisse deutsche „Historiker", die alles gläubig hinnehmen, was aus Amerika kommt, wiederholen unkritisch die Behauptung der Fälschung des WB, ohne einen Beweis zu erbringen.

Gewiß, es kann auch kein Beweis für die Richtigkeit erbracht werden. Daß ein falscher Name des Autors aufscheint, tut nichts zur Sache. Der Informant G. Schoups hätte wohl nie gewagt, derartig schwerwiegende Dinge unter seinem richtigen Namen zu veröffentlichen, wie man ja auch Henry Ford gezwungen hat, den Inhalt seines Buches „Der internationale Jude" zu widerrufen.

Da uns also ein Beweis für die Richtigkeit des Warburg-Berichts fehlt, können wir uns nur an andere Unterlagen halten. Der jüdische Autor Abraham Gurewitz erwähnt in seinem Buch „Antisemitismus, Rassenhetze und Rassevergottung (1966): „Ein weiteres Beispiel, daß Juden im Dienst Hitlers standen, von denen wir aber nicht wissen, ob sie zu Ehren-Ariern ernannt wurden, ist ein Bankier Oppenheim, der in geheimer Mission von Hitler nach Amerika gesandt wurde, um für die Hitler-Bewegung Gelder anzuschaffen."

Als weitere Quelle für die Finanzierung der Nationalsozialisten aus amerikanischen Finanzquellen gilt das sogenannte „Abegg-Archiv". Dr. Wilhelm Abegg, bis zum 20. Juli 1932 preußischer Staatssekretär und Chef der preußischen Polizei, bereitete einen Hochverratsprozeß gegen Hitler vor und sammelte alles erreichbare Material über ihn und die NSDAP. Er hatte bereits umfangreiches Material gesammelt, als Hitler an die Macht kam; Abegg floh zuerst nach Innsbruck und dann in die Schweiz, um deren Staatsbürgerschaft er sich unter Hinweis auf seine Schweizer Ahnen bereits vorher bemüht hatte.

Angeblich (warum ich hier „angeblich" schreibe, werde ich später erklären) nahm Dr. Abegg sein Archiv mit und gründete in der Schweiz ein Büro zur geistigen Bekämpfung des Nationalsozialismus, dessen Sekretär der in Winterthur geborene frühere Korpsstudent Dr. jur. Alhard Gelpke war.

1959 gab Gelpke unter dem Pseudonym Alardus eine Schrift „Krieg in Sicht?" heraus. In dieser Schrift wies er aufgrund seines Einblicks in das Abegg-Archiv nach, daß Hitler aus drei Privatkonten, für die er Alleinverfügungsrecht besaß, in den Jahren 1930 bis einschließlich 31. Jänner 1933 (Machtergreifung) insgesamt 150 Millionen Mark (100 Millionen für die SA, 50 Millionen für anderen Zwecke) auszahlte. Die Herkunft dieser Gelder konnte nicht festgestellt werden, doch sind sie als Deviseneingänge verbucht worden. Da zu jener Zeit aber Devisen in Deutschland knapp waren, konnten die Gelder nur aus dem Ausland stammen.

Abegg tat gut daran, aus Deutschland zu fliehen, denn alle jene Hintermänner, die von den geheimen ausländischen Geldquellen Hitlers wußten, starben kurz danach. Nach Dr. Abegg waren folgende Leute in die Hintergründe von Hitlers Finanzierung eingeweiht: Kurt von Schleicher, Gregor Straßer, sowie einige Polizeioffiziere, alle diese Personen starben beim sogenannten „Röhm-Putsch". Carl von Ossietzky starb 1938 in der Haft, Schoup, den wir oben erwähnten, wurde 1944 getötet.

Soweit wäre also das Abegg-Archiv eine Bestätigung dessen, was wir bereits aus anderen Quellen, nicht zuletzt aus der in Holland erschienenen Schrift wissen. Doch ebenso, wie die Existenz jener Publikation bestritten wird, so wird auch vom Abegg-Archiv behauptet, daß es gar nicht besteht sondern alle Unterlagen von Dr. Gelpke gefälscht worden sind.

Nun weiß jeder, der sich jemals mit geschichtlichen Forschungen beschäftigt hat, daß es zu allen Zeiten Geschichtsfälschungen gegeben hat, daß sogar wichtige staatliche Urkunden gefälscht worden sind, um Besitzansprüche zu rechtfertigen, daß ganze Lebensläufe zurechtgebogen wurden, um einzelne Herrscher im nachhinein zu unmenschlichen Herrschern zu machen . . . Bereits im ersten Weltkrieg, aber noch in weit größerem Umfang im und nach dem zweiten Weltkrieg wurde eine systematische Geschichtsfälschung betrieben, die es selbst dem erfahrenen Historiker völlig unmöglich macht, Wahrheit von Lüge zu unterscheiden. Fast für jede Behauptung können entsprechende Dokumente vorgelegt werden, die diese Behauptung untermauern, es können Zeugenaussagen, Fotomontagen usw. erbracht werden . . . Geheimbünde und Geheimdienste unterhalten ganze Abteilungen, die sich ausschließlich mit der Herstellung von „Originaldokumenten" zu allen möglichen zeitgeschichtlichen Fragen beschäftigen. Deshalb muß der Historiker an allem, was je an Angaben über das Dritte Reich gemacht wurde, seine Zweifel anmelden.

Einer der Wortführer für die Behauptung, daß es sich bei dem Abegg-Archiv um Fälschungen des Dr. Gelpke handelt, ist der junge Schweizer Zeitgeschichtler Klaus Urner; er veröffentlichte in der „Neuen Zürcher Zeitung" vom 2. und vom 7. Mai 1980 einen Artikel, in dem er alle Angaben Gelpkes als plumpe Fälschung abtat. Seine Argumente sind im allgemeinden folgende:

— Alle Zeugen, die diese Angaben bestätigen, sind tot, Gelpke hat sich nur auf Leute berufen, die nicht mehr widersprechen können (mittlerweile ist auch Gelpke tot und kann Urner nicht mehr widersprechen).

— Gelpke ist eine verkrachte Persönlichkeit, ein Hochstapler, der sogar wegen Geistesstörung entmündigt werden sollte.

— Alle oder fast alle Aufzeichnungen sind als Protokolle nach dem Diktat Abeggs von Gelpke mit der Maschine geschrieben worden und tragen nur Gelpkes Unterschrift, Stenogramme existieren nicht.

— Gelpke behauptet auch einen Umsturzversuch unter Mithilfe Abeggs, an dem 13 Polizeioffiziere aus dem Deutschen Reich, die Abegg aus dem KZ freigekauft haben soll, beteiligt gewesen sein sollen. Es scheinen jedoch nirgends diese 13 Polizeioffiziere auf.

Dazu kann man folgendes feststellen: Zweifellos ist Gelpke eine schillernde Persönlichkeit, teilt dies jedoch mit sehr vielen Persönlichkeiten, die hinter den Kulissen in der Politik mitwirkten, und nicht nur mit solchen. Hitler, Mussolini waren ebensolche verkrachten Persönlichkeiten, Mussolini hat sogar wegen Vagabundage in der Schweiz im Gefängnis gesessen. Zweifellos wird manches in den Protokollen übertrieben, entweder von Abegg oder von Gelpke persönlich gefärbt, ja, anders dargestellt worden sein, um sich selbst in ein besseres Licht zu rücken. Was die angebliche Entmündigungsabsicht gegen Gelpke anbelangt, so wissen wir, daß dies eine häufig angewendete Waffe im politischen Kampf ist; sie wurde ja auch gegen Sebottendorf in Anwendung gebracht.

Völlig nichtssagend hingegen ist die Tatsache, daß es keine stenographischen Aufzeichnungen Gelpkes gibt; es wird kaum eine einzige Sekretärin geben, die, nachdem sie das Diktat in die Maschine übertragen hat, auch noch die stenographischen Aufzeichnungen aufbewahrt. Wozu auch? Wenn Gelpke die Maschinen-Niederschriften erfunden hat, hätte er doch auch die stenographischen Aufzeichnungen selbst herstellen können. Zweifellos wird man beim Abegg-Archiv zwischen jenen Angaben, die sich auf die Zeit vor der Machtergreifung Hitlers, das ist also vor der Flucht Abeggs aus Deutschland, und jenen Unterlagen, die sich auf die Tätigkeit, die in der Schweiz gegen das Dritte Reich stattfand, unterscheiden müssen. Im letzteren Falle werden zweifellos Abegg und Gelpke versucht haben, sich interessant zu machen, zumal die Schweiz in den letzten Jahren des Krieges eindeutig gegen Deutschland Stellung bezog, das heißt, jene Menschen besonders schätzte, die irgendwelche Aktivitäten gegen das Dritte Reich setzten.

Daß Abegg als seinerzeitiger Chef der preußischen Polizei Einblick in Dinge der Innenpolitik hatte, die andere Menschen nicht hatten, darf man annehmen. Daß er bei seiner Flucht wohl kaum in der Lage war, sein Archiv mitzunehmen, daher gezwungen war, die Einzelheiten aus seinem Gedächtnis zusammenzustellen, ist einleuchtend. Ebenso ist es durchaus erklärlich, daß die meisten Zeugen im Jahre 1980, als Urner seinen Artikel schrieb, nicht mehr am Leben waren. Wenn man annimmt, daß die im Jahre 1933 in der Blüte ihrer politischen Aktivität stehenden Männer damals mindestens 40 Jahre alt gewesen waren, müßten sie also im Jahr 1980 fast 90 Jahre alt gewesen sein. Noch dazu hat Hitler im

„Röhm-Putsch" viele seiner Mitwisser beseitigen lassen, so daß damals schon die meisten Zeugen tot waren. Unter den damaligen Toten waren eine Anzahl von Polizeioffizieren, u. a. der enge Mitarbeiter Abeggs, der Leiter der Polizeiabteilung im preußischen Innenministerium, Ministerialdirektor Dr. Erich Klausener.

Urner berichtet, daß das Abegg-Archiv vom Koblenzer Bundesarchiv abgelehnt wurde, weil es in einem Schweinestall aufbewahrt wurde und deshalb in schlechtem Zustand war. 1959 allerdings hat, nachdem der Dozent für Staats- u. Völkerrecht an der Universität Jena und spätere Botschafter der DDR in Bonn, Dr. Michael Kohl, die Unterlagen des Abegg-Archivs viermal eingesehen hatte, das Institut für Zeitgeschichte in Ost-Berlin diese Unterlagen für sFr 8000,— angekauft, wobei die Unterlagen bereits im August 1959 nach Ost-Berlin gebracht worden sind, während der Rest der Kaufsumme von sFR 6000,— erst im Juni 1960 überwiesen wurden. Sollten Dr. Kohl und die Wissenschaftler des DDR-Instituts für Zeitgeschichte in all dieser Zeit nicht erkannt haben, daß es sich bei diesen Unterlagen um Fälschungen handelt?

Daß auch nach diesem Geschäft noch Unterlagen aus dem Abegg-Archiv von Gelpke angeboten wurden, besagt nichts. Möglicherweise hat Gelpke nicht alle Unterlagen den Ostdeutschen übergeben, möglicherweise gab es Abschriften . . .

Daß ein Teil des Abegg-Archivs doch von Abegg stammen mußte, gibt sogar — wahrscheinlich unbeabsichtigt — auch Urner zu: Denn er bestätigt, daß Gelpe nach dem Tod Abeggs Teile der Bibliothek des Verstorbenen von dessen Sohn kaufte und „nahm wohl auch einige ungeordnete Papiere mit". Klaus Urner behauptet jedoch, daß Gelpke bereits zwischen 1948 und 1955 „in der Phase intensiver Aktivität" die Fälschungen herstellte. Da Dr. Wilhelm Abegg erst 1951 gestorben ist, muß mindestens ein Teil dieser Unterlagen noch zu Lebzeiten von Dr. Abegg entstanden sein.

So läßt sich also wohl nicht so ohne weiteres beweisen, daß die aus dem Abegg-Archiv gemachten Angaben stimmen. Da jedoch diese Angaben in den wesentlichen Zügen mit den anderen Angaben über die ausländischen Geldgeber, die wir oben erwähnten, übereinstimmen, ohne daß im geringsten die Übereinstimmung derart ist, daß wir annehmen müssen, Gelpke oder Abegg hätten die anderen Quellen gekannt, so dürfen wir vermuten, daß die Hinweise über die ausländischen Geldgeber Hitlers Erinnerungen sind, die Abegg aus jener Zeit mit in die Schweiz rettete, als er noch eine Untersuchung gegen Hitler führte. Daß es im Interesse verschiedener Kreise liegt, eine derartige Finanzierung abzustreiten, ist wohl jedermann klar.

Da Klaus Urner als wesentliches Argument gegen Gelpke dessen Biographie und die darin enthaltenen Unklarheiten anführt, sehe ich es als durchaus korrekt an, mich auch mit Klaus Urner und seiner Biographie ein wenig auseinanderzusetzen. Der Zeitgeschichtler, der am 19.8.1942 in Zürich geboren wurde, machte im Jahre 1975 seinen Dr. phil, und wurde danach sofort Leiter des Instituts für Zeitgeschichte an der Eidgenössischen Technischen Hochschule, obwohl er bis dahin kein einziges Buch veröffentlicht hatte. 1976 erschien dann sein Buch „Die Deutschen in der Schweiz", sein nächstes Buch über den Schweizer Hitler-Attentäter erschien erst 1980, dazwischen erschienen etwa 50 kleine Aufsätze in Zeitschriften. Trotz dieser noch nicht sehr bedeutenden wissenschaftlichen Tätigkeit ist dieser Mann nicht nur einer der jüngsten Leiter eines Hochschulinstituts (mit 33 Jahren) in Europa geworden, er erhielt auch noch mehrere Ehrungen: 1977 den Dr.-v.-Napolsky-Buchpreis und 1978 einen Förderungspreis der Stiftung des Industrieunternehmens Landis & Gyr. Liegt vielleicht der Schlüssel zu den Bemühungen, das Abegg-Archiv als Fälschung hinzustellen, in dieser wunderbaren Karriere?

Beim „Röhm-Putsch" wurden allerdings nicht nur jene beseitigt, die über die Finanzquellen Hitlers Bescheid wußten, man nützte die blutigen Tage des 30. Juni und des 1. Juli 1934, um alle unbequemen Mitwisser aus der Zeit vor der Machtergreifung aus der Welt zu schaffen. So war unter den Toten auch Prof. Dr. Bernhard Stempfle, Thule-Bruder, katholischer Geistlicher und Beichtvater Hitlers.

Wie gewisse ausländische Geheimgesellschaften bei der Förderung nationaler Bestrebungen in Deutschland vorgingen, schildert uns Mathilde Ludendorff im 6. Band ihrer Lebenserinnerungen:

„Wie aus einer anderen Schöpfung mutete uns in solchem Leben und Erleben ein recht seltsamer Mensch an, der sich umständlich durch Empfehlungsschreiben einen Empfang erwirkt hatte. Wir haben nach mancherlei Erfahrungen daran festgehalten, Menschen, die wir nicht kannten, wegen der reichen Sagenbildung bei den erinnerten Gesprächsinhalten, nicht alleine zu empfangen. So hörten wir denn auch gemeinsam recht seltsame Dinge. Zunächst eine schon oft ausgesprochene Meinung, unser Kampf errege zwar sogar auch andere Länder, er sei aber nur zu gewinnen, wenn wir selbst einem Geheimorden angehörten, niemals aber ohne solche Hilfe. ‚Wenn Sie uns nur dies sagen wollten, hätten Sie wirklich nicht die weite Reise von Amerika zu machen brauchen; Sie verkennen uns gründlich. Wir bekämpfen die ungeheuere Unmoral, die im Wesen aller Geheimorden und ihrer eidlichen Verpflichtung zu blindem Gehorsam liegt, und werden daher diese Unmoral doch nicht selbst auf uns nehmen', sagte mein Mann. Darauf erwiderte unser Besucher: ‚Es handelt sich ja nicht darum, einem Geheimorden zu gehorchen, nein, um Sie beide mit drei weiteren Weltenlenkern den mächtigsten Geheimorden befehlen zu lassen.' — ‚Na, die Mehrheit hätten die anderen Weltenlenker dann gesichert', sagte lächelnd Ludendorff. ‚Es handelt sich nicht darum', fuhr der Besucher fort, ‚daß Sie beide irgendeinem Ritual unterworfen würden. Die Macht in Deutschland wäre Ihnen in 2 Jahren, die Macht der Völker in kaum mehr als der doppelten Zahl der Jahre sicher in die Hände gespielt. Die wirtschaftlichen Mittel, um einen Wehrverband und alles sonst Nötige zu schaffen, würde Ihnen natürlich sofort zur Verfügung stehen, zunächst 10 Millionen Dollar.' ‚Und in einem Jahr?' fragte mein Mann und machte dazu ein ganz ernstes Gesicht.

Da antwortete der Besucher: ‚Für die Vermehrung Ihrer Anhängerschaft wird natürlich noch gesorgt. Entsprechend dem raschen Aufstieg und Anwachsen Ihrer nationalen Bewegung werden Ihnen nach einem weiteren Jahr 40 Millionen Dollar zur Verfügung gestellt.' — ‚So, so, was Sie da sagen: Solche Summen kann ja nur die Wallstreet anbieten; also, man will eine nationale Erhebung? Die Sache an sich wäre ja sehr einfach. Aber da wir keine Schurken sind, läßt sie sich leider nicht verwirklichen. Wir werden nun zur Höllengefahr!' Bei diesen Worten hatte sich mein Mann erhoben. Da nickte der Bote — und sehr verblüfft war er entlassen.

‚‚‚Es war gut, daß ich ihn ganz ruhig aussprechen ließ. Der geht nun schnurstracks zu Hitler, und der wird ihn nicht ablehnen. Jetzt kann man auf das Wahlergebnis im Herbst gespannt sein! Die Gelder, die sonst die

Linksparteien bekommen hätten, werden nun zu Hitler fließen! Wir werden an dem Ergebnis erkennen, ob auch Rom aus großer Sorge über unsere Volksaufklärung Hitler ein wenig helfen wird. — Einen grauenhaften Gesichtsausdruck hatte der Bote', sagte Ludendorff."

(Die nächste Reichstagswahl brachte einen sensationellen Erfolg der Nationalsozialisten.)

Man erkennt also schon daraus, daß es durchaus wahrscheinlich ist, daß die gleichen Kreise in den USA, die im Jahre 1917 die russische Revolution finanzierten, auch später die nationalsozialistische Revolution finanzierten, auch später die nationalsozialistische unter Hitler mit den nötigen Mitteln versorgten. Daß diese angeblich so antisemitischen Kreise um Hitler nicht so antisemitisch waren, haben wir schon gesehen. Es fanden sich immer wieder Juden und Judenstämmlinge in diesen Kreisen. Karl Haushofer, der Gründer und langjährige Leiter der VRIL-Loge und der Thule, war mit einer Jüdin verheiratet. Der Kauf des „Völkischen Beobachters" durch Hitler wurde durch den Juden Moses Pinkeles, der sich Arthur Trebitsch-Lincoln nannte und später als Fachreferent für Judenfragen der Reichsparteileitung der NSDAP angehörte, finanziert. Ein Oppenheim wurde als Unterhändler Hitlers nach Amerika geschickt, ein Warburg war Leiter eines Forschungsinstituts. Der Schwager Görings wurde als Halbjude zum Ehrenarier erklärt. Der Hauptmitarbeiter des antisemitischen Hetzblattes von Julius Streicher, „Der Stürmer", war ein Jude namens Jonas Wolk, der sich Fritz Brandt nannte. Auch vom Reichsorganisationsleiter Robert Ley ging das Gerücht, er sei jüdischer Abstammung und seine Vorfahren hätten eigentlich Levy geheißen.

Zu allen angeführten Beweisen über die jüdische Mitfinanzierung Hitlers können wir aber noch einen weiteren Zeugen anführen. Dr. Dr. Erwin Goldmann, ein deutscher jüdischer Arzt, der nicht nur zu den führenden Männern im deutschen Judentum während des Dritten Reiches gehörte, sondern sich auch zum Nationalsozialismus bekannte und Mitarbeiter des SD war und daher nach 1945 in Haft genommen wurde, sprach während dieser Haft mit Dr. Schacht, dem Freimaurer und Finanzmann Hitlers über die Finanzierung der NSDAP. In seinen Lebenserinnerungen (siehe Literaturverzeichnis) berichtet er auf Seite 173 f.:

„Eine Tatsache habe ich lange nicht für wahr halten können, nämlich, daß Hitler von der internationalen Hochfinanz bei seinem Aufstieg, also auch mit Geld aus jüdischer Hand, entscheidend unterstützt worden ist. Erstmals sprach ich im Lager Dr. Schacht darauf an im Zusammenhang mit dem Schicksal eines gemeinsamen, mir bis heute sehr lieben Lagerkameraden.

„Dieser Mann war früher in der Leitung einer jüdischen Firmengruppe und hatte zur Abschirmung seiner Arbeitgeber in deren Auftrag, aber unter seinem Namen, der Partei und ihren Gliederungen größere Summen überwiesen. Das wurde bei der Nachprüfung von Spendenlisten im Jahre 1946 entdeckt. Unser Freund kam ins Gefängnis und dann ins Lager, hatte schwere finanzielle Einbußen und ‚Teufels Dank' von der inzwischen wohl heil im Ausland lebenden Sippschaft, die keinen Finger für ihn krümmte.

„Schacht hatte natürlich ein viel umfangreicheres Wissen über solche und ähnliche Fälle im In- und Ausland. Es ist sehr bedauerlich, daß auch im Schrifttum verhältnismäßig wenig darüber zu erfahren ist. Das Erlebenmüssen unseres Kameraden ist sicher kein Einzelfall gewesen."

Der deutsche Schriftsteller und Historiker Walter Görlitz vermutet, daß Hitler auch Gelder aus dem 1919 gegründeten „Antibolschewismusfonds der Wirtschaft" bekommen hat; Verwalter war der jüdische Bankier Mankiewicz. Görlitz aber weist nach, daß Hitler bis 1928 keinesfalls, wie so gerne behauptet wird, Gelder von der deutschen Stahlindustrie bekommen hat. Wohl aber sollen Gelder von der „französischen Hochfinanz" gekommen sein, die französische Hochfinanz jener Zeit allerdings bestand aus einem einzigen Mann: Rothschild.

Hitler gab nie Belege für Geldspenden, deshalb ist es heute auch sehr schwierig, die Herkunft der Gelder festzustellen. Schon 1921 aber mußte er in einem Prozeß zugeben, er werde „von verschiedenen Seiten in bescheidener Weise unterstützt".

Hitler bemühte sich stets, seine ausländischen Geldgeber zu verschleiern und führte deshalb zahlreiche Prozesse, die er — meistens verlor, wie den gegen den Redakteur der christlich-sozialen Wochenzeitung „Das neue Volk", Heller, der behauptet hatte, Hitler hätte auch tschechische und französische Gelder genommen. Am 10.9.1928 fand vor dem Amtsgericht Ingolstadt die Verhandlung gegen den SPD-Landtagsabgeordneten Josef Strobl statt, weil dieser ebenfalls behauptet hatte, Hitler bekäme aus dem Ausland Geld. Strobl gab bei dieser Verhandlung an, in Hitlers Besitz fänden sich Schweizer Franken, holländische Gulden und US-Dollars. Strobl wurde freigesprochen.

Wohl sind heute gewiß alle Unterlagen über die Finanzierung Hitlers, soweit sie im Besitz der Geldgeber waren, vernichtet worden, und die Historiker werden den Umfang der Finanzierung und die einzelnen Geldgeber nie mehr feststellen können. Eines aber sieht man aus dem in diesem Abschnitt Gesagten: Hitler wurde von der deutschen Wirtschaft in weit geringerem Umfang gefördert, als allgemein behauptet wurde und wird, Hitler wurde aber von ausländischen Geldgebern, darunter Juden, weit mehr gefördert, als dies heute zugegeben wird.

WARUM HESS NACH ENGLAND FLOG

Immer wieder wundern sich Geschichtsschreiber, warum Hitler nach Dünkirchen nicht nach England übersetzte. Eine Besetzung Englands, die der damals überlegenen deutschen Heeresleitung zweifellos gelungen wäre, hätte den Krieg in Europa beenden können, denn Amerika hätte keine Basis mehr gehabt, um Kriegsmaterial heranzuschaffen. Warum aber zögerte Hitler?

Wir haben bereits die VRIL-Loge, der die meisten führenden Männer des Dritten Reiches angehörten und die zum innersten Kreis der Thule-Gesellschaft geworden war — den äußeren Kreis hatte man etwa 1935 aufgelöst — berichtet; die VRIL-Loge hatte engste Beziehungen zum englischen Geheimorden ,,Golden Dawn''. Diese Kontakte bestanden während der Kriegszeit weiter, es ist erwiesen, daß Hitler binnen 24 Stunden jeweils erfuhr, was im britischen Unterhaus gesprochen wurde.

Einflußreiche Kreise in England hatte sich von vornherein gegen einen Krieg mit Deutschland gestellt, allen voran der abgedankte König Edward VII. von England und späterer Herzog von Windsor. Dieser, selbst Hochgradfreimaurer wie alle Könige von England, die ihren Stammbaum auf den Stamm Davids zurückführen, war 1937 in geheimer Mission zu Hitler gefahren. Wie der Ölmilliardär Paul Getty erst nach seinem Tod in seinen Memoiren bekanntgab, war Hitler durchaus bereit, sich den Vorschlägen des Herzogs von Windsor aufgeschlossen zu zeigen und sich mit England zu arrangieren. Doch die Kriegspartei, allen voran Winston Churchill, war bereits zu stark geworden, der Herzog von Windsor wurde einfach als ,,Nazi-Freund'' verteufelt.

Um seine britischen Freunde zu schonen, wollte Hitler nicht den entscheidenden Schlag gegen England führen. Er hoffte immer noch, daß seine Freunde die Oberhand gewinnen würden, indessen die englische

Rudolf Heß — der Haushofer-Fan
avancierte zum ,,Stellvertreter des Führers''

Kriegspartei Polen unter Vorspiegelung falscher Tatsachen in einen Krieg hineinhetzte. Tatsächlich wurde der Polenfeldzug in wenigen Tagen beendet. Der polnische Exilpremier Sikorski, der die Beweise für die Hauptschuld Churchills am Ausbruch des Zweiten Weltkriegs erbringen hätte können, wurde — wie der britische Historiker Irving behauptet — im Auftrag Churchills ermordet.

Wie Hitler über „Golden Dawn" erfuhr, was in England vorging, erfuhren umgekehrt die Engländer über den deutschen Geheimdienstchef Admiral Canaris, einen erklärten Hitler-Gegner und Freimaurer, was in Deutschland vor sich ging. Canaris war es auch, der den Bolschewismus in der Sowjetunion rettete. Als General Tuchatschewsky mit zahlreichen Offizieren plante, Stalin zu stürzen und sich an Hitler um Hilfe wandte, verriet Canaris diesen Plan an die Sowjets (J. v. Leers, Reichsverräter. Buenos Aires, 1955). Die Verschwörer wurden hingerichtet.

Noch während des Krieges versuchte Hitler, mit England einen Sonderfrieden zu schließen, da er den Hauptgegner im Bolschewismus sah. Er verließ sich auf seine Verbindungen zu „Golden Dawn" und zu den Freimaurern (Schacht, Warburg). Nun müssen wir hier wohl ein Wort über die Freimaurer einflechten, deren Bedeutung trotz (oder gerade wegen) einer Vielzahl von Büchern in der Öffentlichkeit viel zu wenig bekannt ist. Offiziell sind die Freimaurer nichts als ein humanitärer Verein, dessen einziges Ziel es ist, die Menschheit zu veredeln, Arme zu unterstützen, Spitäler zu errichten usw. Es ist sogar möglich, daß es unter den niederen Graden der Mitglieder etliche gibt, die daran glauben. Nach außen hin lehnen die Freimaurer jede politische Betätigung ab, sie betrachten alle Menschen dieser Erde als Brüder.

Innerlich aber sieht es anders aus. Die oberste — geheime — Spitze des Weltfreimaurertums betrachtet sich als eine Art Weltregierung. Da ihr viele Persönlichkeiten aus Politik und Wirtschaft angehören, kann sie ihren Einfluß überall geltend machen. So schreibt schon der Freimaurer Alec Mellor in seinem Buch „Logen — Rituale — Hochgrade, Handbuch der Freimaurerei", daß das Verbot politischer Betätigung rein theoretischer Natur ist. Schon im dritten Viertel des 19. Jahrhunderts bildeten politische Fragen das wichtigste Thema freimaurerischer Arbeit (Seite 425). Er zitiert aus dem Werk eines anderen Freimaurers: „Da die modernen Freimaurer sich fast nur noch für Antiklerikalismus und Politik interessieren, haben die Obödienzen es seit langem unterlassen, Fragen rein maurerischen Interesses dem Studium der Logen zu empfehlen." (Seite 429).

Zu den höchsten Graden der Freimaurerei gehören die ,,Shriners" in den USA und der rein jüdische Orden B'nai B'rith, der ebenfalls seine Zentrale in den USA hat. Da die Freimaurer sofort jeden, der behauptet, sie wären jüdisch gelenkt, als Nazi verdammen, wollen wir es vermeiden, eine derartige Bemerkung aufzustellen. Anstattdessen lassen wir dem Oberrabbiner Dr. Leo Baeck das Wort; er erklärte bei der Installation der ,,Distrikts-Großloge Continental-Europa XIX" in Basel am 14.9.1955: ,,Freimaurer haben eine jüdische Aufgabe". (Zit. nach ,,Allg. Wochenzeitung der Juden in Deutschland" 27.1.1956).

Es gibt aber auch das ,,magnetische Zentrum" der Freimaurerei, die 1923 in New York gegründete Geheimgesellschaft der Arkanschule. Während des Krieges war Gerhard Janssen in Genf Leiter der Arkanschule, Janssen ist gleichzeitig auch Generalsekretär der Universellen Freimaurerliga gewesen. Obwohl ihr Sitz in der neutralen Schweiz war, bekannte sich die Arkanschule zur Kriegführung der Alliierten und unterstützte diese. (Wir erinnern daran, daß in die Schweiz auch immer die Fäden der Thule liefen).

Auch zwischen Mafia, Freimaurern und amerikanischem Geheimdienst bestanden enge Kontakte. Die Mafia arbeitete für die amerikanische Armee nicht nur in Sizilien während der Landung, sondern auch in Amerika selbst (Rodney Campbell, Luciano. Wien 1978). Man sieht, wie eng verwoben selbst gegensätzliche Kräfte sind. In der Mafia waren schließlich nicht nur Italiener tätig. Der Mafia-Vertreter im Filmgeschäft war Bugsy Siegel, der Finanzchef der Mafia Meyer Lansky.

Nach diesem Exkurs wieder zurück zu England. Neben Freimaurern und ,,Golden Dawn" bestand auch noch ein dritter Geheimorden, der Druiden-Orden. Dieser war maßgeblich für den Krieg gegen Deutschland eingetreten. Heß, der selbst zu den führenden Leuten nicht nur der Thule, sondern auch der VRIL-Loge gehörte, plante, in direktem Kontakt über die Freunde in England einen Sonderfrieden mit der britischen Regierung erreichen zu können. Hitler hatte zweifellos um den Englandflug seines Stellvertreters gewußt, wie aus den Aussagen von Männern in der engsten Umgebung Hitlers eindeutig hervorgeht. Der Kammerdiener Linge stellte fest, daß Hitler nur vor Fremden empört war, er selbst hatte durchaus den Eindruck, als hätte es Hitler gewußt.

Natürlich mußte Hitler in der Öffentlichkeit bestreiten, von diesem Flug gewußt zu haben. Ging er schief, so mußte eben Heß den Flug allein verantworten und Hitler ersparte sich eine Blamage. Er erklärte damals, Heß sei „übergeschnappt", und es ist seltsam, daß man heute von den Siegern das gleiche hören kann, nämlich, daß der noch immer in Spandau inhaftierte Friedensvermittler geistig nicht auf der Höhe sei.

Der Englandflug Heß' wurde ein eindeutiger Mißerfolg. Der Stellvertreter des Führers wurde sofort nach der Landung festgenommen und bekam überhaupt keine Möglichkeit, mit irgendjemandem Verbindung aufzunehmen. Wieweit „Golden Dawn" damals überhaupt noch interessiert gewesen wäre, mit Heß Kontakt aufzunehmen, ist unbekannt. Wäre es im Interesse der britischen Geheimloge gelegen, dann hätte diese sicher einen Weg gefunden, mit Heß Verbindung aufzunehmen. Vielleicht wurde schon länger ein Doppelspiel getrieben, von dem der Geheimbund fürchten mußte, es könnte durch Heß ans Licht der Öffentlichkeit gezogen werden.

Wer genau den Nürnberger Prozeß studiert hat, wird feststellen, daß Heß mehrmals versuchte, auf die Tätigkeit der geheimen Gesellschaften zu sprechen zu kommen. Er wurde jedesmal sofort unterbrochen, wenn er davon begann, bzw. ihm das Wort entzogen. Die Richter von Nürnberg hatten kein Interesse, Dinge in die Öffentlichkeit dringen zu lassen, von denen das Volk nichts erfahren sollte.

Das dürfte auch der wahre und einzige Grund sein, warum Rudolf Heß, der doch wohl schon wegen seines Friedensversuches mildernder Gründe gewiß sein mußte, noch immer in Haft bleiben muß, obwohl man keinen noch so schweren kriminellen Verbrecher etwa 40 Jahre in Haft halten würde. Doch obwohl man behauptet, Heß sei geistig nicht mehr in Ordnung, enthaftet man ihn nicht, da man befürchten muß, daß Heß sein Wissen über das Spiel der dunklen Mächte hinter den Kulissen der Weltpolitik der Öffentlichkeit bekanntgibt. Und es wäre zweifellos sehr interessant, was uns der Stellvertreter des Führers zu erzählen hätte.

In diesem Zusammenhang gewinnt eine kleine Meldung, die im Juni

1981 durch die Presse ging, besondere Bedeutung: Die Vereinigten Staaten gaben bekannt, daß sie die Unterlagen über Rudolf Heß nicht, wie in anderen Fällen üblich, nach 40 Jahren freigeben wollen, sondern erst nach 76 Jahren, also im Jahre 2017! Das läßt den Schluß zu, daß in diesen Unterlagen ein Material von ungeheurer Sprengkraft liegen muß. Deshalb wohl dürfte auch kaum die Hoffnung bestehen, daß Heß jemals freigelassen wird, wie viele andere, deren ,,Schuld'' nach den Rachegesetzen von Nürnberg eigentlich viel schwerer wiegen müßte.

DAS ENDE

Die Drahtzieher hatten sich entschieden, Deutschland hatte den Krieg verloren. Zu einer Zeit, als noch niemand absehen konnte, daß keine Chance mehr für uns bestand, hatte sich das Schicksal unseres Volkes bereits entschieden. Der aufmerksame Beobachter konnte es an Kleinigkeiten erkennen. Die sogenannten neutralen Staaten, wie Schweden und die Schweiz, wandten sich immer mehr den Alliierten zu, auch der Vatikan, der seit dem Bamberger Abkommen eng mit Hitler zusammengearbeitet hatte (Bischof Hudal war sogar Träger des Goldenen Parteiabzeichens, Kardinal Innitzer von Wien Träger der Ostmark-Medaille), stellte sich nun auf die Seite der Alliierten.

Die finnischen Truppen des in Rußland geborenen Freimaurers Marschall Mannerheim blieben am Svir-Fluß stehen. Obwohl der finnische Soldat neben dem deutschen zu den besten Soldaten der Welt gehört, „gelang es den Finnen nicht", den Svir-Fluß zu überschreiten, wodurch der Fall Leningrads besiegelt worden wäre. Auch der Freimaurer Horthy in Ungarn ließ Hitler nur mehr vage Unterstützung angedeihen, ehe, viel zu spät, die Pfeilkreuzler die Macht übernahmen. In Italien putschte der Freimaurer Badoglio gegen Mussolini.

Auch in Deutschland verließen die Ratten das sinkende Schiff. Unter den Putschisten des 20. Juli 1944 befand sich auch der Sohn des Gründers der VRIL-Loge, Haushofer. Schon 1943 war der Freimaurer Schacht als Minister ohne Geschäftsbereich entlassen worden. Schacht war von 1923 bis 1939 ununterbrochen Reichspräsident gewesen. Sein Wirken war mit der „Rentenmark" eng verbunden, er wurde als „Retter der Währung" gefeiert. Tatsächlich aber war Karl Helfferich der Retter. Helfferich starb 1924 bei einem „Eisenbahnunglück". Mehr als ein halbes Jahrhundert da-

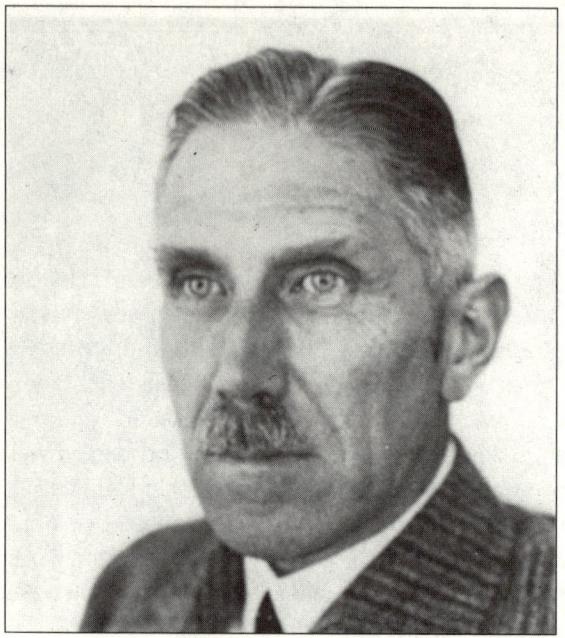

Freigesprochen: Franz von Papen (1879-1969)

nach wurde der Präsident der Dresdner Bank, Ponto, von Terroristen ermordet, als er eine ähnliche Währungsreform durchführen wollte. In beiden Fällen war es die Hochfinanz, die kein Interesse an diesen Reformen
hatte. Ist das nicht seltsam?

Das Ende kam dann sehr rasch. Deutschland wurde zwar zerrissen,
aber nicht so restlos zerstört, wie die B'nai B'rith-Brüder Morgenthau und
Kaufmann es wollten. Morgenthau wollte aus Deutschland ein rein land-
wirtschaftliches Gebiet schaffen, Theodor N. Kaufmann ging in seiner
Schrift „Germany must perish" (Deutschland muß vernichtet werden)
weiter: „Unser Krieg ist kein Krieg gegen Hitler, noch einer gegen die Nazis. Es ist ein Krieg Volk gegen Volk . . ." Er forderte allen Ernstes, alle deutschen Männer und Frauen zu sterilisieren, damit es in einigen Jahren keine Deutschen auf der Welt mehr gäbe. Er stellte sogar Berechnungen an,
wie lange 8.000 zur Verfügung stehende Ärzte dazu benötigen würden
und machte Vorschläge, weitere Ärzte für diese Sterilisierungsaktion ein-
zusetzen.

Daß sein Vorschlag nicht zur Durchführung kam, lag keineswegs an einer humanitären Gesinnung der Sieger. Denn eine solche gibt es nicht
und hat es nie gegeben, wie wir spätestens seit der Bombardierung von
Wohnhäusern, seit den Atombomben auf Städte und seit den Napalm-
Bomben in Vietnam wissen. Der einzige Grund für die Nichtdurchfüh-
rung dieses teuflischen Plans war der, daß die Drahtzieher erkannt hatten,
daß sie die Deutschen noch brauchen würden. Churchill erklärte, daß sie
den Krieg nicht nur gegen die Deutschen führen müßten, und schon kurz
nach Kriegsende stellte Churchill fest: „Wir haben das falsche Schwein ge-
schlachtet", wobei er mit Schwein das deutsche Volk meinte.

Nun aber wurden die Deutschen gebraucht, einen Gegenpol gegen die
gefährlich werdende Sowjetunion zu schaffen. Die Fälscherzentralen der
Geschichte in Amerika und England arbeiteten auf Hochtouren, das
deutsche Volk wurde einer gründlichen Gehirn- und Charakterwäsche
unterzogen, um es für die nächsten Pläne der dunklen Drahtzieher im
Hintergrund reif zu machen.

Die Wissenden aus dem deutschen Volk wurden, soweit sie nicht mehr
benötigt wurden, brutal beseitigt. Der mit einer Jüdin verheiratete Prof.
Haushofer, dessen Sohn von den Nationalsozialisten hingerichtet wor-

den war, wurde von den Amerikanern samt Gattin in den Selbstmord getrieben. Rudolf von Sebottendorff wurde tot aus dem Bosporus gefischt. Er hatte noch in den letzten Kriegstagen versucht, mit dem „Golden Dawn" Kontakt aufzunehmen. Eine große Anzahl Eingeweihter entzog sich durch Selbstmord der Festnahme.

Am 30.9. und am 1.10.1946, zwischen dem jüdischen Neujahr Rosch Hoschanni und dem Tag der Sühne, Yom Kippur, wurden in Nürnberg die Urteile verkündet, die Hinrichtungen fanden am 16.10., dem jüdischen Feiertag Hoschanna Rabba statt. Man beachte die Symbolik, die darin steckt. Der Freimaurer Dr. Hjalmar Schacht wurde freigesprochen, obwohl er als Finanzmann Hitlers alle Fäden in der Hand gehalten hatte. Aber er hat es verstanden, stets im Hintergrund zu bleiben, nie hatte man gehört, daß er selbst hinter den Geldbeschaffungsaktionen steckte, obwohl er zweifellos über gute Verbindungen in die USA verfügt haben mußte, denn sein Vater war US-Staatsbürger.

Freigesprochen wurde auch der undurchsichtige Franz von Papen, der jeweils mit Sebottendorff in der Türkei war (1917-1919 als Offizier, 1939-1944 als Botschafter). Ein deutsches Gericht verurteilte ihn im Jahre 1947 zu 8 Jahren Arbeitslager, doch wurde er bereits nach 2 Jahren aus der Haft entlassen. In wessen Auftrag?

Verschiedene Drahtzieher der geheimen Gesellschaften verschwanden im Jahre 1945 spurlos, wie z. B. Moses Pinkeles, der sich Arthur Trebitsch-Lincoln nannte. Er soll in einem tibetischen Kloster untergetaucht sein. Schließlich gehörte auch er zu den Kreisen, die via Gurdjeff vor und während des Krieges mit fern-östlichen okkulten Gesellschaften Verbindungen unterhielten. VRIL-Loge, Freimaurer, B'nai B'rith, und all die anderen geheimen Gesellschaften bestehen weiter. Was sie als nächstes planen? Das wissen nur die Oberen, die im Dunkeln bleiben.

WARUM?

Nach dem Lesen des Buches erhebt sich zweifellos die Frage nach dem Warum. Förderung des Dritten Reiches durch geheime Gesellschaften, die andererseits wieder danach trachteten, dieses Reich, das sie selbst aufbauen geholfen hatten, zu zerstören? Das ergibt doch wohl keinen Sinn? Oberleutnant Sauer pflegte auf eine solche Frage mit einem Witz zu antworten:

Als die Amerikaner im total zerstörten Berlin eindrangen, kroch aus einem Bunker ein Mann hervor, nahm sein Bärtchen ab und meldete stramm: „CIC-Agent Nr. 7 meldet sich zur Stelle. Auftrag ausgeführt!"

Das heißt aber nichts anderes, als daß man Adolf Hitler zum Werkzeug gemacht hatte, um gewisse Ziele zu erreichen. Welche Ziele das genau waren, wissen nur jene, die an den Schalthebeln saßen, wir Außenstehende können sie nur an den Ergebnissen erahnen.

Wir sind weitaus davon entfernt, alle Machinationen, die in diesen Geheimgesellschaften geschahen, einem „Weltjudentum" in die Schuhe schieben zu wollen. Zweifellos gab es viele Kreise, die an dieser Entwicklung Interesse hatten, bzw. mitwirkten. So vor allem die Wirtschaft, hier wieder in erster Linie die Rüstungsindustrie, die nach dem Ende des Ersten Weltkriegs in eine Krise geriet. Eine Rüstungsindustrie bedarf immer des Krieges, denn ohne Krieg benötigt man nur in geringem Umfang leichte Waffen, schwere Waffen hingegen überhaupt nicht. Deshalb war der Zweite Weltkrieg in erster Linie ein Wirtschaftskrieg.

Amerika selbst griff verhältnismäßig spät in den Krieg ein. Es belieferte nur die kriegführenden Staaten mit Waffen, die es sich auch bezahlen ließ. Der Großteil der amerikanischen Bevölkerung war gegen einen Krieg mit Deutschland. Erst der — durchaus nicht überraschende Angriff der Japaner auf Pearl Harbour — schuf in der Bevölkerung jene Stimmung, die der Regierung Roosevelt erlaubte, selbst in den Krieg einzutreten.

Robert Laffen schrieb 1940 im „Wallstreet Journal" (zit. nach Aretz, Hexen-Einmal-Eins einer Lüge. Pähl 1970): „Was der Effektenmarkt wahrscheinlich zu seiner Stützung und Besserung benötigt, ist . . . ein genügend ausgedehnter Krieg, der den Export anregt, jedoch kein Krieg, der eine schnelle Entscheidung und damit sein Ende zeitigt. Und selbstverständlich ein Krieg, in dem die Überhand der Alliierten nie ganz ausgeschaltet wird."

Deshalb also die Unterstützung der US-Finanzleute nach allen Seiten. Ein rascher Zusammenbruch Deutschlands war ebensowenig im Interesse der Finanz- und Rüstungslobby in den USA, wie ein schneller — oder überhaupt ein — Sieg der Deutschen, die dann zweifellos Amerika die Vorherrschaft auf der Welt streitig gemacht hätten. Der Erfolg gab Laffen recht: In den Jahren 1940-1944 betrug der Gesamtnettogewinn der amerikanischen Gesellschaften 42,3 Milliarden Dollar gegenüber der gleichen Zeit vor dem Kriege in Höhe von 15,3 Milliarden Dollar. Die Investitionen haben sich also gelohnt.

Andererseits gingen auch die Juden als Sieger aus dem Zweiten Weltkrieg hervor, obwohl sie selbst als kriegführende Nation nicht aufschienen. Die armen Juden, die bisher gewaltige Unterstützungssummen von ihren reicheren Artgenossen in den USA bekommen mußten, waren dezimiert, dadurch auch die Unterstützungszahlungen gewaltig verringert, zudem wurden diese nun vom besiegten Deutschland geleistet, das überdies an den — ebenfalls als Ergebnis des Krieges — neugegründeten Staat Israel derart hohe Entschädigungssummen zahlen mußte, daß der gesamte Staatsaufbau davon finanziert werden konnte. Aus diesem Grund hat man wahrscheinlich auch die ursprünglichen Pläne, die die führenden Männer des B'nai B'rith und der Shriners, wie Baruch, Morgenthau und Kaufmann, hatten, fallengelassen. Morgenthau wollte in seinem berüchtigten „Morgenthau-Plan" ganz Deutschland zu einer Art Wüste machen, Kaufmann entwarf in seinem Buch „Germany must perish" den Plan, alle deutschen Männer zu kastrieren und berechnete sogar, wie lange dazu 8000 Ärzte benötigen würden. Eines ist aber gelungen: Deutschland ist für lange Zeit als Weltmacht ausgeschieden.

General Ludendorff hat als einziger eine solche Entwicklung vorausgesehen. Bereits 1930 sah er in seinem Buch „Weltkrieg droht auf deutschem Boden" die Teilung Deutschlands voraus, wie sie dann tatsächlich eintrat.

Und wenn Nahum Goldmann sagt: „Hitler ist — bei allem — für mich noch eine rätselhafte Figur. Ich denke seit Jahrzehnten über ihn nach und bin noch nicht dahintergekommen, wieso dieser scheinbar so blöde, durchschnittliche, banale Mensch mit seiner blöden Rhetorik ein Volk wie die Deutschen, das größte Kulturvolk Europas, verführen konnte", dann stellt sich Nahum Goldmann dümmer, als er ist.

Denn gerade er, der ja selbst zu den geheimen Brüdern gehört, müßte doch wissen, wieso sich eine Partei antisemitisch gebärdete, zu deren Drahtziehern und Geldgebern zahlreiche Juden gehörten, wieso eine Partei vorgab, die Freimaurer zu bekämpfen, die zahlreiche Freimaurer in Führungsstellen (Schacht, Canaris, Gehlen usw.) hatte, wieso fast alle führenden Persönlichkeiten dieser Partei einer geheimen Loge angehörten, die ihrerseits Verbindung mit fast allen politisch tätigen Geheimgesellschaften auf der Welt hatte.

Die NSDAP ist verboten, zerschlagen. Die eigentlichen Drahtzieher der Weltkatastrophe, die verschiedenen Geheimgesellschaften, bestehen weiter, wirken weiter und wir dürfen abwarten, in welches Abenteuer sie die Welt demnächst stürzen werden.

AUSWAHL AUS DER VERWENDETEN LITERATUR

Manfred Ach/Clemens Pentrop, Hitlers „Religion". München 1977

Alardus, Krieg in Sicht? Zürich 1959

Emil Aretz, Hexen-Einmal-Eins einer Lüge. Pähl 1970

Franz Karg v. Bebenburg/Gunther Duda, Schicksalsstunden deutscher Geschichte. Pähl 1981

Dr. Dietrich Bronder, Bevor Hitler kam. Hannover 1964

J. G. Burg, Schuld und Schicksal, Europas Juden zwischen Henkern und Heuchlern. Tübingen 1962

Rodney Campbell, Luciano. Wien 1979

Eberhard Czichon, Wer verhalf Hitler zur Macht? Köln 5. Aufl. 1978

Wilfried Daim, Der Mann, der Hitler die Ideen gab. München 1958

Ernst Deuerlein, Der Aufstieg der NSDAP in Augenzeugenberichten. München, dtv 1040

Werner Gerson, Le Nazisme société secrète. Paris 1969

Walter Görlitz, Geldgeber der Macht. Düsseldorf 1976

Dr. Dr. Erwin Goldmann, Zwischen zwei Völkern — ein Rückblick. Königswinter 1975

Hellmuth Hoffmann, Wanderer zwischen den Welten. In „Esotera", Freiburg/Br. Hefte Jg. 27 (1976) Nr. 5-7

David L. Hoggan, Das blinde Jahrhundert. 1. Teil: Amerika. Tübingen 1979

Ellic Howe, Urania's Children. London 1970

Theodor N. Kaufmann, Germany must perish. Newark 1941

Horst Knaut, Das Testament des Bösen. Stuttgart 1979

Wilhelm Landig, Götzen gegen Thule. Hannover 1971

Johannes v. Leers, Reichsverräter. 3 Bde. Buenos Aires 1955/56

Emil Ludwig, Die heilige Allianz. Straßburg 1938

Peter Christian Ludz (Hg.), Geheime Gesellschaften. Heidelberg 1979

Alec Mellor, Logen — Rituale — Hochgrade, Handbuch der Freimaurerei. Graz 1967

Horst E. Miers, Lexikon des Geheimwissens. München 1976

Eustace Mullins, Die Bankierverschwörung. Husum 1980

Rudolf J. Mund, Jörg Lanz v. Liebenfels und der Neue Templer-Orden.

Louis Pauwels, Gurdjew, der Magier. München 1956

—, Aufbruch ins 3. Jahrtausend. München 1962

Reginald H. Phelps, ,,Before Hitler came'', Thule-Society and Germanen Orden. In ,,The modern journal of history'' Vol. 35, No. 3, 1963

James & Suzanne Pool, Hitlers Wegbereiter zur Macht. Bern/München 1979

Der Prozeß gegen die Hauptkriegsverbrecher vor dem Internationalen Militärgerichtshof. Nürnberg 1947

Hermann Rauschning, Gespräche mit Hitler. Zürich 1940

Trevor Ravenscroft, Der Speer des Schicksals. Zug 1974

Severin Reinhard, Spanischer Sommer. Affoltern 1948

Herbert Rittlinger, Von hier bis Babylon, Memoiren eines Veteranen vom Geheimen Dienst. München 1965

Alfred Rosenberg, Letzte Aufzeichnungen. Tübingen 1956

Dr. P. Erhard Schlund, OFM, Neugermanisches Heidentum im heutigen Deutschland. 2. Aufl. München 1924

Gerd Schmalbrock, Die politischen Falschspieler. Gladbeck 1979

Rudolf von Sebottendorff, Bevor Hitler kam. München 1933

—, Die geheimen Übungen der türkischen Freimaurer. Neu durchgesehen u. m. einem Vorwort von Waltharius. Freiburg/Br. 4. Aufl. 1977

Erich Stockhorst, 5000 Köpfe. Velbert 1967

J. T. Trebitsch-Lincoln, Der größte Abenteurer des XX. Jahrhunderts. Leipzig 1931

Klaus Urner, Zehn preußische Polizeioffiziere und das ,,Abegg-Archiv''. In ,,Neue Zürcher Zeitung'' 2. und 7.5.1980

O. Wirth, La Franc-Maçonnerie rendue intelligible à ses Adeptes. 3 Vol. Paris 1962/63

Zahlreiche Zeitungen und Zeitschriften, besonders ,,Quell'', ,,Mensch und Maß'' usw.